中国金融四十人论坛
CHINA FINANCE 40 FORUM

致力于夯实中国金融学术基础,探究金融领域前沿课题,引领金融理念突破与创新,推动中国金融改革与发展。

中国金融四十人论坛书系
CHINA FINANCE 40 FORUM BOOKS

"一带一路"
金融服务简述

范文仲 ◎ 主编

An Overview of
Financial Services for
the Belt and Road

中国金融出版社

责任编辑：任　娟
责任校对：张志文
责任印制：陈晓川

图书在版编目（CIP）数据

"一带一路"金融服务简述／范文仲主编．—北京：中国金融出版社，2019.12

ISBN 978-7-5220-0341-2

Ⅰ.①一… Ⅱ.①范… Ⅲ.①"一带一路"—金融—商业服务—国际合作—研究 Ⅳ.①F831

中国版本图书馆 CIP 数据核字（2019）第 247193 号

"一带一路"金融服务简述
"YIDAIYILU" JINRONG FUWU JIANSHU

出版
发行　中国金融出版社

社址　北京市丰台区益泽路 2 号
市场开发部　(010)66024766，63805472，63439533（传真）
网上书店　http://www.chinafph.com
　　　　　(010)66024766，63372837（传真）
读者服务部　(010)66070833，62568380
邮编　100071
经销　新华书店
印刷　北京侨友印刷有限公司
尺寸　170 毫米 × 230 毫米
印张　11.75
字数　170 千
版次　2020 年 4 月第 1 版
印次　2020 年 4 月第 1 次印刷
定价　40.00 元
ISBN 978-7-5220-0341-2
如出现印装错误本社负责调换　联系电话(010)63263947

"中国金融四十人论坛书系"专注于宏观经济和金融领域，着力金融政策研究，力图引领金融理念突破与创新，打造高端、权威、兼具学术品质与政策价值的智库书系品牌。

中国金融四十人论坛是中国最具影响力的非官方、非营利性金融专业智库平台，专注于经济金融领域的政策研究与交流。论坛正式成员由40位40岁上下的金融精锐组成。论坛致力于以前瞻视野和探索精神，夯实中国金融学术基础，研究金融领域前沿课题，推动中国金融业改革与发展。

自2009年以来，"中国金融四十人论坛书系"及旗下"新金融书系""浦山书系"已出版100余本专著。凭借深入、严谨、前沿的研究成果，该书系在金融业内积累了良好口碑，并形成了广泛的影响力。

本书编写组

组长： 北京金融控股集团有限公司党委书记、董事长　　　　范文仲
成员：（按姓氏笔画排序）
　　　　中国银保监会　　　　　　　　　　　　　　　　　　吴　婕
　　　　渣打银行　　　　　　　　　　　　　　　　　　　　张　明
　　　　清华大学经济管理学院　　　　　　　　　　　　　　张书华
　　　　中国信托银行　　　　　　　　　　　　　　　　　　张达基
　　　　北京金融控股集团有限公司　　　　　　　　　　　　郭金金
　　　　荷兰国际集团　　　　　　　　　　　　　　　　　　胡元祥
　　　　泰国正大集团　　　　　　　　　　　　　　　　　　郝鹏飞
　　　　中国工商银行　　　　　　　　　　　　　　　　　　徐　宁
　　　　国家开发银行　　　　　　　　　　　　　　　　　　高晓红
　　　　金光纸业（中国）投资有限公司　　　　　　　　　　章国政
　　　　国投智新（上海）实业发展有限公司　　　　　　　　舒　磊
　　　　中国信托银行　　　　　　　　　　　　　　　　　　曾郁祺

"一带一路"
金融服务简述

序　言

2013年秋天,习近平主席提出共同建设丝绸之路经济带与21世纪海上丝绸之路的重大倡议。从此,"一带一路"建设蓬勃发展,涵盖政策沟通、设施联通、贸易畅通、资金融通、民心相通五大领域。其中,资金融通为"一带一路"提供了大量的资金和多元化的配套金融服务,是"一带一路"建设的重要支撑。

2019年是"一带一路"倡议提出的第六个年头。六年来,金融部门致力于推动资金融通,支持"一带一路"建设。银行类金融机构在"共商、共建、共享"原则的指导下,充分发挥各自优势,为共建"一带一路"项目提供融资,同时提供了大量的配套金融服务。在不断完善的投融资合作机制引导下,社会资金、多边开发银行、国际金融中心等各方力量积极参与"一带一路"建设,绿色金融、普惠金融的快速发展也提升了"一带一路"建设的可持续性。

"一带一路"金融服务简述

2018年,习近平主席提出推动共建"一带一路"要向高质量发展转变。在这一背景下,对六年来"一带一路"建设中金融服务的梳理与总结正当其时。《"一带一路"金融服务简述》一书内容翔实,论述全面,不仅对我国"一带一路"金融服务进行了系统的梳理,更创新性地提出"一带一路"是新时代的国际公共品,为全球经济发展提供了更多元化的渠道和路径,点明了"一带一路"的全球性意义。本书编写组成员都是参与"一带一路"金融服务的一线工作者与观察者,他们通过丰富的实践,向读者全方位展现出各类金融机构参与"一带一路"的具体模式,同时客观分析了目前存在的风险和挑战,增强了本书的可读性和建设性。在国际比较上,本书还详细梳理了沿线各国的政策协调机制,通过全面横向对比,启发读者进一步了解"一带一路"倡议的意义和价值,为下一步工作提供了宝贵的参考。

"一带一路"倡议提出六年来,国际局势发生了巨大变化。中国经济快速发展,国际影响力与日俱增;国际社会对中国事务也日益重视,中国不可避免地成为世界瞩目的焦点。在这一背景下,"一带一路"出现了几个方面的新动态:

一是支持"一带一路"的国家越来越多。对比2018年和2019年的"一带一路"国际合作高峰论坛,我们能够明显感受到这一变化。当前,美国针对中国挑起了贸易争端并实行技术封锁,民粹主义和反全球化的大环境已经形成;但与此同时,更多参会国的态度从2018年的观望、质疑逐步转变为承认"一带一路"倡议并提倡务实合作,从过去的一味强调债务可持续性和债务透明度、质疑高债务风险,转向肯定沿线国家的发展需求,认同应动员市场力量、政府资金和国际机构等多方面支持,并认为"一带一路"的发展趋势已经不可阻挡。

二是国际社会对债务可持续性问题的认识更加深入。部门国际、团体担心"一带一路"会引发债务可持续问题,在 2019 年"一带一路"国际合作高峰论坛上,各国认识到:发展中国家是有发展需求的,不能一味强调债务上限和债务可持续而扼杀了这些国家的发展;如果其发展过程伴随着资产和基础设施的增加,那么债务增加的风险可以在经济发展中逐步化解。在 2019 年"一带一路"国际合作高峰论坛的资金融通分论坛上,中国金融学会绿色金融专业委员会与全球 20 余家金融机构共同签署了《"一带一路"绿色投资原则》,这一原则得到了国际社会的普遍认可,对缓解发达国家对债务可持续问题的指责起到了明显作用。

三是各国更加重视开发性金融。开发性金融是国家开发银行的重要实践,具有保本、微利、聚焦于国家战略、聚焦于中长期项目四大特点。对于一些耗时较长、投资较大的项目,私人部门的资金力量是不够的,商业银行也不愿投入过多,只能用开发性金融机构的力量来实现。特朗普政府上台后,美国重新重视开发性金融,2018 年底推出了海外私人投资公司(Overseas Private Investment Corporation, OPIC),向私人投资基础设施的项目提供商业及政治风险的保证,实际上是在私人部门和政府部门之间架设了一座桥梁。不仅如此,OPIC、加拿大及 15 个欧盟国家组成的欧洲发展金融机构还签署了一份备忘录,要共同建设一个开发性金融机构联盟,旨在加强美国、加拿大、欧盟三方在对外投资、对外援助、发展政策等领域的协调合作。

四是广泛开展第三方合作。在 2019 年"一带一路"国际合作高峰论坛上,"第三方市场合作"是我国在资金融通方面着力推行的国际合作模式。除与发达国家合作外,中国联合国际金融机构一起向"一带一路"沿线国家提供支持和帮助也属于第三方市场合作。此

"一带一路"金融服务简述

外,第三方市场合作还包括中国金融机构和大型外资金融机构的合作,双方可在"一带一路"项目上共同向沿线国家提供大型基建项目的支持。

五是"一带一路"对国内改革开放的促进与协同效应逐步显现。共建"一带一路"是推动我国企业与金融机构"走出去"的重要一环。"一带一路"建设有利于打破发展瓶颈,推动我国产业链重组,更好地融入全球产业链;"一带一路"践行高标准、惠民生、可持续理念,也有助于我国走上经济、社会、环境协调发展之路,化解国际社会对我国"制造债务陷阱"的误解。可以说,推进"一带一路"建设向高质量转变,对进一步推进改革开放具有重要意义。

"一带一路"建设从梦想照进现实,由蓝图变成行动,从立柱架梁转向精雕细琢,需要我们同舟共济、携手前行。希望读者能透过本书呈现出的"一带一路"金融服务领域的"大写意",获得日后共同绘制好精美"工笔画"的启发,不断推动"一带一路"建设走深走实、行稳致远。

朱隽
2019年10月

中国金融四十人论坛书系
CHINA FINANCE 40 FORUM BOOKS

An Overview of
Financial Services for
The Belt and Road

"一带一路"
金融服务简述

目　录

- **第一章　"一带一路"：新时代的国际公共产品 / 1**
  - 第一节　世界经济发展需要公共产品 / 2
  - 第二节　汉唐丝绸之路是古代公共产品的典范 / 4
  - 第二节　第二次世界大战之后国际公共产品发展对全球经济复兴发挥的巨大作用 / 5
  - 第四节　世界经济发展呼唤新的国际公共产品 / 6
  - 第五节　中国具有发起共建国际公共产品的意愿和能力 / 7
  - 第六节　理性看待国际社会对"一带一路"的评价 / 9

- **第二章　"一带一路"金融服务的现状与创新 / 15**
  - 第一节　"一带一路"建设面临巨大的金融服务需求 / 16
  - 第二节　各类金融机构积极参与"一带一路"建设 / 17

1

第三节 "一带一路"建设呼唤金融创新 / 24
第四节 "一带一路"建设不断拓展商业合作模式和服务人群 / 29
第五节 "一带一路"建设推动金融发展理念创新 / 36

▼ **第三章 "一带一路"金融服务合作** / 44
第一节 港澳台地区参与"一带一路"的市场与资金优势 / 45
第二节 海外华商参与"一带一路"建设的作用和方式 / 56
第三节 外资金融机构和金融市场参与"一带一路"的优势与实践 / 68
第四节 国际组织参与"一带一路"的意义和成果 / 78

▼ **第四章 "一带一路"建设中的金融风险与应对** / 86
第一节 "一带一路"建设中的金融风险和挑战 / 87
第二节 防范金融风险的策略和措施 / 109

▼ **第五章 "一带一路"与全球金融治理** / 118
第一节 加强"一带一路"与沿线国家发展政策对接，推动完善国际政策协调机制 / 119
第二节 创新打造"一带一路"金融合作平台 / 133
第三节 加快推动"一带一路"人民币国际化进程，构建多元化国际货币体系 / 146
第四节 "一带一路"积极推动国际金融规则改革合作 / 156

▼ **第六章 结语** / 165
第一节 "一带一路"倡议是新形势下中国为世界提供的公共产品，

　　　　　是各国共同参与、共同建设的平台 / 165
第二节　"一带一路"建设要把握金融服务创新与风险管理的
　　　　　平衡 / 166
第三节　"一带一路"致力于加强与现有国际组织和机制的合作，建
　　　　　立良好的金融规则，共同完善全球经济治理体系 / 168

参考文献 / 170

第一章

"一带一路"：新时代的国际公共产品

"一带一路"是丝绸之路经济带和21世纪海上丝绸之路的简称。2013年9月和10月，中国国家主席习近平在出访哈萨克斯坦和印度尼西亚期间，先后提出共建丝绸之路经济带和21世纪海上丝绸之路的倡议。"一带"在陆地，有三大走向：一是从中国西北、东北经中亚、俄罗斯至欧洲、波罗的海，二是从中国西北经中亚、西亚至波斯湾、地中海，三是从中国西南经中南半岛至印度洋。"一路"在海上，有两大走向：一是从中国沿海港口过南海，经马六甲海峡到印度洋，延伸至欧洲；二是从中国沿海港口过南海，向南太平洋延伸。①

当今世界正发生复杂、深刻的变化，国际金融危机的深层次影响持续显现，各国面临的发展问题依然严峻。共建"一带一路"倡议致力于维护

---

① "一带一路"官网（https：//www.yidaiyilu.gov.cn/）。

全球自由贸易体系和开放型世界经济，推动沿线各国实现经济政策协调，开展更大范围、更高水平、更深层次的区域合作。在首届"一带一路"高峰论坛上，习近平主席强调"一带一路"是和平之路，继承了以和平合作、开放包容、互学互鉴、互利共赢为核心的丝路精神，秉持的是"共商、共建、共享"原则，贯彻的是政策沟通、设施联通、贸易畅通、资金融通、民心相通的理念。它不是封闭的，而是开放包容的，不是中国一家的独奏，而是沿线国家的合唱；它的建设不是要替代现有地区合作机制和倡议，而是要在已有基础上，推动沿线国家实现发展战略相互对接、优势互补。它是和平之路，是繁荣之路，是开放之路，是创新之路，也是文明之路。它顺应着时代潮流，适应发展规律，符合各国人民利益，具有广阔前景，是一项值得各国各界共同努力建设的伟大事业。

第一节　世界经济发展需要公共产品

全球公共产品是一个或多个国家提供给国际社会共同使用的资源、制度、物品和设施等。"公共产品"的概念首先由保罗·萨缪尔森（Paul A. Samuelson）于1954年提出，具有两大特征：消费的非竞争性[①]和非排他性[②]。后来，学者将公共产品延伸到国际领域，提出"国际公共产品"的概念。英吉·考尔将国际公共产品定义为"成本和收益超越一国范围、在某些情况下甚至超越世代的公共产品"，是国际生产专业化分工过程的衍生物，是国际专业化过程中为了合作和承担分工利益的产物。[③]

国际公共产品最重要的特征，是正外部性、公用性、合作性、持久性。

[①] 非竞争性是指一部分人对某一产品的消费不会影响其他人对该产品的消费，一些人从这一产品中受益不会影响其他人从这一产品中受益，受益对象之间不存在利益冲突，如国防。

[②] 非排他性是指产品在消费过程中所产生的利益不能为某个或某些人所专有，要将一些人排斥在消费过程之外、不让他们享受这一产品的利益是不可能的，如清新的空气。

[③] 黄河. 公共产品视角下的"一带一路"[J]. 世界经济与政治，2015（6）：138–155.

国际公共产品一般由一个或多个大国发起并承担主要责任,同时得到多数国家的认可、接受、采用和推广。联合国发布的《执行联合国千年宣言的路线图》指出,在全球公共领域,需要集中供给的公共产品包括基本人权、对国家主权的尊重、全球公共卫生、全球安全、全球和平、跨越国界的通信与运输体系、协调跨国界的制度基础设施、知识的集中管理、全球公地的集中管理、多边谈判国际论坛的有效性。国际公共产品是具有很强的跨国界外部性的商品、资源、服务、规则制度和政策体制,通过发达国家与发展中国家的合作和集体行动来供给。

然而,国际公共产品并不等同于公益性产品,不是一国对其他国家的无偿援助,也非国内公益性项目向境外的延伸,其与开发性金融有类似之处。开发性金融是政策性金融的深化和发展,以服务国家发展战略为宗旨,以国家信用为依托,以市场运作为基本模式,以保本微利为经营原则,以中长期投融资为载体。与之相似,国际公共产品的提供是通过融合政府组织协调优势和市场资源配置优势,弥补全球范围内的市场失灵,有利于实现政府发展目标、提高社会资源配置效率。

国际公共产品在促进全球经济增长方面可以发挥积极作用。首先,国际公共产品可以帮助发展中国家摆脱资金不足的制约,提供经济发展所需的基础设施等支撑,加快全球化进程,实现各国共同发展、同步发展。其次,跨越国界的交通运输体系等公共产品可有效提高货物运输效率,降低交易成本,促进国际贸易的快速增长。最后,国际公共产品可以促进各国在制度建设、文化发展等领域的融合,推动形成广泛的共识,有利于各国合作建立适应发展需要的全球治理体系,共同应对环境污染、地区冲突等全球性挑战。

第二节 汉唐丝绸之路是古代公共产品的典范

自古以来,中国就积极提供国际公共产品。千年前的陆上丝绸之路和海上丝绸之路,便是联系东西方的全球贸易要道,商贾络绎不绝,促进了东西方之间的物质文化交流,是友谊与财富之路,更是交流与共荣之路。

2000多年以前的汉代,张骞出使西域,打通了东方通往西方的道路。张骞及其副使出访中亚、南亚、西亚各国,各有关国家也派出使臣回访长安,建立起中国与丝绸之路沿线国家经常性的外交往来。隋唐时期,中国物质文明和精神文明高度发达,各民族大融合,国家采取开放的政策,丝绸之路贸易由此进入黄金时期。史书记载,"伊吾之右,波斯以东,职贡不绝,商旅相继",外国商人在当时的商业都会长安和洛阳开设了各种店铺。元代设立统一的驿站制度,更是将东亚、中亚、西亚及整个亚洲联系在一起。与此同时,始于秦汉时期的海上丝绸之路是古代中国与世界其他地区进行经济文化交流的海上通道。商船从广州、泉州、宁波、扬州等沿海城市出发,到达南洋、阿拉伯海,到了明代郑和下西洋时,就途经数十个国家,远达东非及赤道以南的非洲。

丝绸之路的发展也为中西方的贸易、文化往来作出了巨大的历史贡献。贸易往来方面,通过丝绸之路,中亚、西亚、南亚及罗马的各种奢侈品及珍禽异兽输入中国。例如,来自罗马的宝石、珍珠、水晶,来自印度的玳瑁、象牙、犀角,来自波斯及中亚的狮子、豹子、玛瑙;也包括一些植物新品种,如黄瓜、洋葱、胡萝卜、胡豆、石榴、葡萄等;此外,还有手工业品及其制造技术,较为重要的有毛皮及毛纺织品、琉璃及砂糖等。同时,中国也对外输出了丝绸及养蚕缫丝法、铁器及冶铁铸造技术、纸及造纸法、印刷术,以及中国特有的植物,如梨、杏、生姜、土茯苓、黄连、谷子和高粱等。

文化艺术交流方面,中国的语言文字、音乐、哲学思想传入西方,也大量吸纳外来文化，如魔术、杂技、琵琶、箜篌，最为重要的要属印度的佛教文化，以及深受希腊文化影响的犍陀罗艺术。丝绸之路连接了中国文化、印度文化、伊斯兰文化及希腊和罗马文化，世界各大文明交相辉映，不断融合，共同推动着人类文明的进程。①

中国作为丝绸之路的发起者，对丝绸之路做了大量维护工作。西汉时期，汉武帝派遣张骞出使西域，设立西域都护府；魏晋南北朝时期的曹魏政权给外商发放"过所"（类似于护照）来保护其在华进行商贸活动时的正当权益；隋唐时期，唐朝在都市和西域各州县设立"市"以方便外商贸易，同时设立了"鸿胪寺""市舶司"等机构管理外贸活动，唐朝四通八达的驿站体系也为贸易往来提供了便利。

古代丝绸之路由中国发起，具有非竞争性和非排他性，丝绸之路沿线各国均从中受益，经济贸易不断壮大，文化艺术蓬勃发展。丝绸之路作为一种国际公共产品，其影响一直延续千年，为中国、为世界经济文化交流作出了巨大贡献。

第三节　第二次世界大战之后国际公共产品发展对全球经济复兴发挥的巨大作用

近现代以来，国际公共产品主要以美国等发达国家为主导，其中第二次世界大战后形成的布雷顿森林体系与欧洲复兴计划（European Recovery Program）是最具代表性的国际公共产品，奠定了近现代以来的世界格局与国际秩序，影响至今。

布雷顿森林体系是第二次世界大战后在美国主导下形成的全球治理体系架构，先后建立了以美元为核心的"双挂钩"国际货币体系，以及国际货币基金组织（IMF）、世界银行（World Bank）、世界贸易组织（WTO）

---

① 夏秀瑞，孙玉琴. 中国对外贸易史［M］. 北京：对外经济贸易大学出版社，2004.

三大机构。布雷顿森林体系的建立使美元成为国际支付货币，美国获得全球金融霸权。20世纪70年代，由于该体系天生的缺陷，以及美国第二次世界大战后经济实力的衰落，布雷顿森林体系最终崩溃，但国际货币基金组织和世界银行等机构仍然作为核心的国际组织发挥重要作用。

欧洲复兴计划又称"马歇尔计划"（Marshall Plan）。该计划于1947年7月正式启动，持续了4个财政年度。在这段时期内，西欧各国通过参加欧洲经济合作组织（OEED），接受了美国包括金融、技术、设备等各种形式的援助合计131.5亿美元，其中90%是赠予，10%为贷款。在该计划的帮助下，西欧大多数参与国的国民经济迅速恢复到第二次世界大战前的水平，并在接下来20余年时间里，经历了前所未有的高速发展。同时，欧洲复兴计划削弱了西欧各国之间的关税及贸易壁垒，使西欧各国的经济联系日趋紧密，并最终走向一体化。但是，美国推动该计划有较强的意识形态和霸权争夺色彩，计划的实施附加了严苛的政治条件和经济条件，强迫欧洲国家无条件接受，并排斥非美国盟国，最终导致了冷战格局的形成。

第四节　世界经济发展呼唤新的国际公共产品

自2008年国际金融危机以来，世界经济遭遇重挫，逆全球化趋势凸显，贸易保护主义有所抬头，全球经济治理乏力，传统的全球化动力正在逐步减退，特别是发展中国家在基础设施建设（简称基建）、工业及贸易发展等领域面临资金、技术等多重缺口的难题。在现实条件下，传统欧美强国提供全球公共产品的可能性逐步降低，依靠现存国际规制协调国际集体行动也因代表性不足等问题步履维艰。当前，全球治理体制已经站立在新的历史拐点上，全面改革与完善全球公共产品供给体系和全球治理体制是大势所趋。全球发展亟待新的国际公共产品，形成新的经济治理模式，为全球化进程注入新动力，为区域可持续增长提供新引擎。

第五节 中国具有发起共建国际公共产品的意愿和能力

自古代丝绸之路起，中国就有提供国际公共产品的先例。改革开放以来，中国一度是国际公共产品的消费者，但是随着中国经济实力的不断增强，中国为国际社会提供国际公共产品的意愿和能力也逐步上升。

2014年8月，中国国家主席习近平在访问蒙古国时曾指出："中国愿意为包括蒙古国在内的周边国家提供共同发展的机遇和空间，欢迎大家搭乘中国发展的列车，搭快车也好，搭便车也好，我们都欢迎。"这体现了中国负责任大国、愿意为其他国家提供国际公共产品的国际形象。

国际公共产品供给者需要具备强大的经济规模与市场规模以形成对地区经济增长的推动力，需要具备国际贸易的领先优势以形成对国际贸易框架协议的影响力，需要具备先进的经济制度和文化基础设施以形成技术及制度的创新力和传播力，还需要具备雄厚的资金实力以形成对国际资本流动的输出力及对欠发达国家（地区）经济的援助力。

改革开放以来，中国保持了年均近10%的GDP增速，远超世界同期水平。同时，中国GDP总量占世界的比重迅速上升，2017年中国GDP折合成美元约为12.24万亿美元，占世界GDP的比重超过了15%，仅次于美国，几乎是日本的3倍，超过了英国、法国、俄罗斯、德国的总和（见图1-1）。

国际贸易方面，在2008年国际金融危机爆发之后，受到全球经济不景气的影响，全球贸易额增长率长期处于低位，中国进出口贸易相对稳定的增长态势为全球贸易的稳定增长作出了重要贡献。2017年中国外贸进出口总值已经达到4.10万亿美元，排名世界第一，是130多个国家最大的贸易伙伴。特别是2018年4月世界贸易组织发布的年度全球贸易报告显示，中国商品贸易出口继续位居世界第一，占全球份额的12.8%，而中国商品贸易进口仅次于美国，位居世界第二。部分经济体商品贸易额的世界占比如图1-2所示。

"一带一路" 金融服务简述

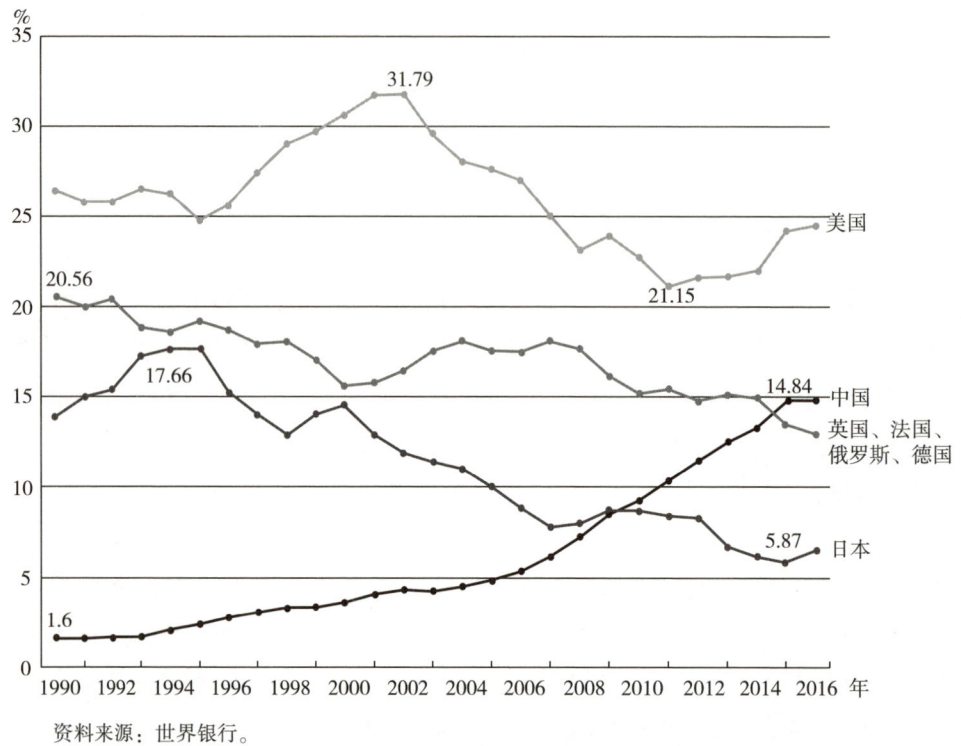

资料来源：世界银行。

图1-1 部分经济体GDP占世界的比重

对外投资方面，根据商务部发布的《2017年度中国对外直接投资统计公报》，中国2016年对外直接投资规模达到1961.5亿美元，蝉联全球第二大投资国地位，占全球外国直接投资规模的比重首次超过10%。同时，中国拥有庞大的外汇储备，可以为"一带一路"提供资金支持。截至2018年9月末，中国的外汇储备超过3万亿美元。

中国在基础设施建设方面的优势和能力非常显著。一方面，基础设施建设所需的钢筋、水泥等原材料，中国的生产能力超过了世界的一半。另一方面，中国长期的基础设施建设施工也培养了世界上最有竞争力的基础设施建设队伍。2013—2017年，中国企业与"一带一路"沿线国家新签对外承包工程合同额累计3629.9亿美元，营业额累计2307.6亿美元，分别占同期总额的50.5%和47.9%。

第一章 "一带一路"：新时代的国际公共产品

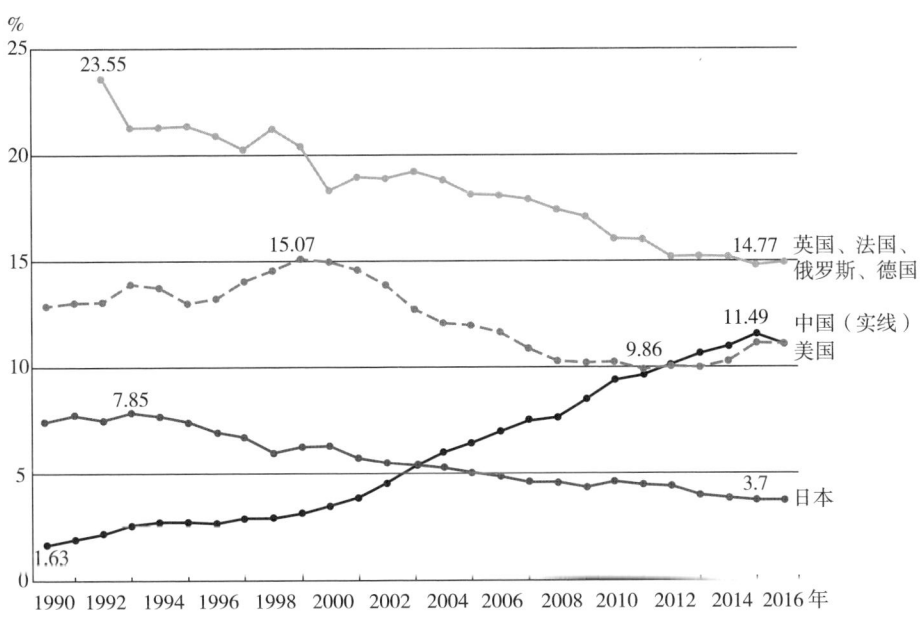

注：无俄罗斯1990年、1991年数据。
资料来源：世界贸易组织。

图1－2 部分经济体商品贸易额的世界占比

第六节 理性看待国际社会对"一带一路"的评价

五年的实践证明，"一带一路"这一重大合作倡议已由点到面、由理念转化为行动、由愿景转变为现实。各个国家和多个国际组织秉承"共商、共建、共享"的原则，真正实现了"一带一路"的多方参与、积极合作、福祉共享，使其逐步成为全球最受欢迎的国际公共产品之一。

一、正面评价

中国提出"一带一路"倡议后，国际社会高度关注、反响强烈。正面评价认为"一带一路"不独属于中国，而是属于所有参与国，是各国共同

"一带一路"金融服务简述

的事业,将给世界带来更大的发展机遇,主要包括以下几个方面。

第一,国际合作、共赢发展的理念体现了中国全球发展方式的创新,内涵丰富而深刻。第67届联合国大会主席、塞尔维亚共和国前外交部长武克·耶雷米奇2018年3月在中国发展高层论坛上指出,中国的古丝绸之路促进了不同文明的对话与交融,新时期的"一带一路"构想具有更加丰富的内涵,体现了中国全球发展方式的创新。联合国负责经济发展的助理秘书长伦尼·蒙铁尔在接受新华社记者专访时说,"一带一路"倡议基于全球共同繁荣的理念,必将推动亚非欧三大洲和其他地区的和平以及可持续发展。

第二,"一带一路"倡议有利于促进各国经济发展,推动区域经济合作。2015年10月,德国总理默克尔在访华期间谈到,中国的"一带一路"倡议与历史文化元素相联系,不仅提法好,而且真正能够把沿线国家发展连接起来,促进国际贸易与其他合作,而德国非常希望参与相关建设。2018年1月,法国总统马克龙访华期间为中国的"一带一路"倡议大力站台。他说:"法国、欧洲和中国的命运是相连的,欧洲应积极参与'一带一路',法国将发挥积极作用。"2018年2月,俄罗斯总统普京与习近平主席会晤时表示,俄罗斯支持中国"一带一路"构想,两国可在基础设施、能源、经贸、人文交流等方面加强合作,促进区域经济合作。

第三,"一带一路"倡议有利于深化跨境合作,促进基础设施建设。联合国秘书长古特雷斯表示,"一带一路"倡议与联合国2030年可持续发展议程相辅相成。它为沿线国家提供了大量基础设施建设、投资和就业机会,为有关国家摆脱经济困境、实现2030年可持续发展议程目标提供了现实路径。① 2017年3月,联合国安理会呼吁国际社会通过"一带一路"建设等加强区域经济合作,敦促各方为"一带一路"建设提供安全保障环境,加强发展战略对接,推进互联互通与务实合作。

---

① 李秉新,李晓宏. 联合国秘书长古特雷斯:"一带一路"为应对全球性挑战提供新机遇[EB/OL]. [2017-05-12]. http://world.people.com.cn/n1/2017/0512/c1002-29269790.html.

2016年，中国分别与联合国亚洲及太平洋经济社会委员会、联合国开发计划署等签署意向书与谅解备忘录。联合国大会首次在决议中写入中国的"一带一路"倡议，决议得到193个会员国的一致赞同。2017年召开的"一带一路"国际合作高峰论坛是当年国际上最大规模的盛会，29位来自亚洲、欧洲、非洲、拉丁美洲等地区或国家的外国元首、政府首脑及联合国秘书长、红十字国际委员会主席等重要国际组织负责人出席高峰论坛并对倡议表示大力支持。

二、疑虑和误读

国际社会对"一带一路"倡议给予积极评价的同时，也存在一些疑虑和误读，典型的包括"地缘政治论""经济掠夺论""债务陷阱论""环境破坏论"等。

第一，猜疑"一带一路"是"中国版的马歇尔计划"，成为地缘政治工具。长期以来，美国智库普遍认为，"一带一路"建设将可能削弱美国在相应地区的影响力。例如，华盛顿国际战略研究所研究员克里斯·约翰逊认为，"一带一路"将加强从太平洋到波罗的海的区域合作，这种广泛的合作或许将挑战现有的区域合作机制。2014年10月中旬，英国《金融时报》一篇题为《新"马歇尔计划"》的报道引发广泛关注。文章回顾了中资企业在欧洲大陆各地收购资产的多起事件，把中国资本在欧洲的扩张和抱负以及对最脆弱经济体的兴趣视为第二个"马歇尔计划"的开端。日本《外交学者》杂志网站2014年11月10日也发表了题为《中国的"马歇尔计划"更远大》的文章。但是，"一带一路"与"马歇尔计划"有本质区别：首先，二者的动机和目标不同。"马歇尔计划"的本质是服务于美国的全球霸权战略，条件苛刻，具有较强的针对性；而"一带一路"并不是服务于中国地缘扩张的霸权战略，不是中国的"独角戏"，而是对接沿线各国甚至联合国的共同倡议，是沿线各国和世界各参与国共建、共享的大合唱。它不具有针对特定国家和组织的明显政治目标，致力于满足和提升发展中国家发展的经济需求，远比"马歇尔计划"面临更多的经济困难和挑战。

第二，担忧"一带一路"创造债务陷阱。有部分媒体称，"一带一路"建设给有关国家制造了债务陷阱，指责中国不顾项目所在国的负债情况和偿债能力，为一些项目提供贷款，加重了这些国家的债务负担，从而获得其控制权。华盛顿智库全球发展中心曾发布报告指出，中国"一带一路"倡议的贷款将显著增加巴基斯坦、黑山和吉布提等多个国家的债务危机风险。但是，基础设施项目投资大、回收期长，风险本身就高，这也是部分发达国家的商业机构不愿意提供资金的重要原因。中国参与共建"一带一路"的项目，给相关国家带来了大量外部的投资，促进了经济增长和民生改善。截至2018年8月，中国已经为合作伙伴国带来了22亿美元税收，创造了20多万个就业岗位。一些国家债务高企，更多地是历史长期借贷形成的，而非源自"一带一路"。对此，国际货币基金组织时任总裁拉加德在2018年北京"一带一路"会议上曾评论指出："对于那些公共债务水平已经较高的国家，精心管理融资条款是很关键的。这可以防止中国以及参与国政府达成一些可能在未来引发金融困境的协议。好在中国领导层已经意识到了这些潜在风险，准备好了可靠的应对策略。"对比之下，发展中国家在经济起步阶段，急需大量融资支持，却难以在国际金融市场上得到发达国家的资金援助，难以满足苛刻的融资条件，中国合理设计的资金支持可谓至关重要。

第三，批评"一带一路"项目破坏沿线环境，转移污染和过剩产能。部分媒体指责中国将高污染的过剩产能向"一带一路"沿线国家转移，宣称"一带一路"基础设施建设的工业项目容易破坏项目国生态环境。事实上，发展经济学早已表明，随着全球产业链的转移，所谓"污染转移"的行为广泛存在，欧美发达国家是主要源头。根据《美国国家科学院院刊》发布的研究，1990—2008年，发达国家通过产业转移累计向发展中国家转移了160亿吨二氧化碳排放，将碳排放压力转移到了发展中国家。某些发达国家还退出《联合国气候变化框架公约》，拒绝承担减排的责任。另外，中国企业和政府在推动"一带一路"建设中贯穿和坚持"绿色"的理念，积极遵守《巴黎协定》，推出《关于推进绿色"一带一路"建设的指导意见》《"一带一路"生态环境保护合作规划》，与沿线国家共同分享"绿色发展"理念。中资银行大力开展绿色信贷业务，发行绿色债券，严把项目绿色准入关，积极参与国际绿色金融标准制定；亚洲基础设施投资银行（AIIB，以下简称亚投行）、丝路基金等相关投资机构设立专项绿色投资基金。在贸易方面，中国将环保要求融入"一带一路"自由贸易协定，建立绿色贸易的标准体系，支持国内绿色产能输出等，大幅减少了基础设施建设项目对自然环境的负面影响。

尽管少数国家和媒体对"一带一路"仍有不少负面担忧，但是"一带一路"倡议已被包括联合国在内的众多国家和国际组织接受。2019年4月，第二届"一带一路"国际合作高峰论坛在北京成功举办，来自150多个国家和90多个国际组织的近5000名外宾出席。截至2019年4月，中国已与131个国家和30个国际组织签署了187份共建"一带一路"合作文件。其中，欧盟28个成员国中，超过一半的国家与中国签署了支持"一带一路"倡议的双边文件。首届国际合作高峰论坛一共形成了279项成果清单，目前已经有255项转为常态化工作，有24项工作正在有序推进。共建"一带一路"倡议及其核心理念已被纳入联合国、二十国集团、亚太经合组织、上合组织等重要国际机制成果文件。中国与"一带一路"国家共搭合作之桥、友谊之路，通过发布《标准联通共建"一带一路"行动计划（2018—2020年）》，与49个国家和地区签署85份标准化合作协议来推动政策沟通；通过基础设施建设，以及与15个沿线国家签署18个双（多）边国际运输便利化协定、与47个沿线国家签署38个双边和区域海运协定、与126个国家和地区签署双边政府间航空运输协定来推动设施联通；通过深化经贸合作，建设80多个跨境经济合作区和加大对"一带一路"沿线的采购力度来推动贸易畅通；通过不断放宽外资准入领域、成立中欧国际交易所和广泛开展产融合作来推动资金融通；通过签署76份双边文化、旅游合作文件，成立完善世界旅游、丝路之路国际剧院、博物馆、艺术节等联盟及共同举办文化年等活动推动民心相通。

五年多来，在这条联通共同繁荣的发展之路上，中国同各国共同协商、深化交流，共同参与、合作共建，平等发展、共同分享，致力于解决世界经济增长乏力、国际公共产品供给不足等国际问题。作为世界经济增长重要推动力量的中国，将自身的产能、技术、资金优势与发展经验转化为全球范围内的合作发展平台，在一定程度上完善了由发达国家主导的现行国际金融体系和秩序，为全球经济发展提供了更为多元化的渠道和路径，逐步推动"一带一路"成为影响巨大的国际公共产品，意义深远。

第二章

"一带一路"金融服务的现状与创新

金融是现代经济的血液,发挥着聚集资本、配置资源的关键作用。金融能够推动经济资源在全球进行更好的组合分配,促进经济目标的实现,有利于加强和推动经济基础设施建设,提升相关福利。

当前,发展中国家自身经济基础较为薄弱,金融体系不够健全,导致其基础设施建设难以在国际金融市场获得融资。国际货币基金组织时任总裁拉加德指出,全球机构资金十分庞大,资产管理总额已达120万亿美元,但投向发展中国家基础设施建设的资金寥寥无几,投资者大多认为发展中国家的项目风险过高。2016年,新兴和发展中国家获得的净外商直接投资从2008年国际金融危机前占GDP总额的2%下降到不足GDP的1%。"一带一路"倡议的提出为所有国家,特别是发展中国家,以及世界金融业创造了新机遇,而打造"一带一路"金融大动脉是实现"一带一路"建设目

"一带一路"金融服务简述

标的重要保障。①

第一节 "一带一路"建设面临巨大的金融服务需求

"一带一路"贯穿欧亚大陆，沿线国家人口合计约44亿人，2016年GDP约为23万亿美元，分别占全球总人口的63%和占全球GDP的29%，贸易总量占全球的1/4。除中国外，2016年"一带一路"沿线国家人均GDP约为3750美元，相当于发达经济体人均GDP的19%，未来经济发展空间巨大。据麦肯锡咨询公司预测，2050年"一带一路"沿线国家将贡献全球经济增量的80%。随着"一带一路"建设的迅速推进，"一带一路"沿线国家基础设施互联互通、产业合作等项目对金融合作将有更加广阔的需求。

首先，基础设施建设的投融资需求巨大。据亚洲开发银行测算，2016—2020年，除中国外，亚太地区国家仅在基础设施投资方面的需求，每年就将近5000亿美元，但公共部门和私人部门所能提供的资金总额每年仅为2000亿美元，两者相差3000亿美元，约占所涉地区GDP的5%。按这一比例推算可知，"一带一路"全部覆盖区域中的基础设施投资缺口每年将超过6000亿美元。据国际货币基金组织测算，未来五年"一带一路"沿线国家基础设施建设累计投资额将超过3万亿美元。

其次，贸易投融资增长迅速。2017年，中国与"一带一路"沿线国家贸易额超过1.4万亿美元，同比增长14.9%；对"一带一路"沿线国家出口额达7742.6亿美元，同比增长8.5%；进口额为6660.5亿美元，同比增长19.8%。2013—2017年，中国对沿线国家外贸增速高出同期外贸整体增速1.4个百分点。2018年前7个月，中国对"一带一路"沿线国家进出口

---

① 于佳欣.畅通互利共赢的开放之路——共建"一带一路"5年成果综述[EB/OL].[2018-08-21]. http://www.sohu.com/a/249354569_362042.

额增长 11.3%，高出中国整体增速 2.7 个百分点。据相关测算，2017—2027 年，中国与"一带一路"沿线国家的年均贸易增长率将达 20%~30%，其中蕴含着海量的贸易融资需求。

快速增长的跨境贸易必然涉及多个国家、多个币种、多种业务的跨境合作，因而需要更为有效、顺畅的资金清算体系。由于历史原因，很多大宗商品从开采、运输到销售都使用美元支付和清算，而美国经常利用美元的特殊地位，根据自己单方面的利益制定货币政策，美元已经沦为政治工具。因此，人民币被"一带一路"地区很多国家视为国际货币体系改革的新希望。

"一带一路"建设不仅需要投融资合作，还涉及大量配套金融服务，包括代理行关系、银团贷款、跨境资金结算和清算、项目贷款、账户管理、风险管理、投资银行、债券承销、外汇管理、中介服务、结构化融资、并购贷款、进出口信用保险、金融管理、股权投资、财务顾问、现金管理等各种服务等。无论是促进贸易融通，还是更好地服务对外投资，均需要加快推进金融机构和金融服务的网络化布局。

第二节 各类金融机构积极参与"一带一路"建设

目前，中国已初步构建起服务于"一带一路"倡议的多层次金融服务体系，旨在有效拓宽境内外融资渠道，完善跨境金融服务，为企业参与"一带一路"建设提供多元化的金融支持和服务。根据资金来源的不同，该体系涵盖国际金融机构、投资合作基金、传统金融机构、其他机构四个不同层次（见图 2-1）。

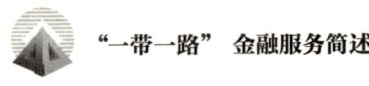

"一带一路"金融服务简述

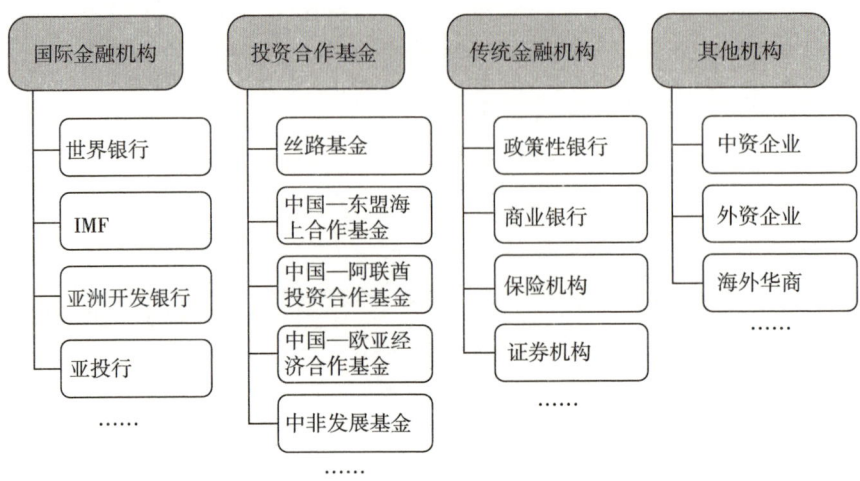

图 2-1 多层次金融服务体系

一、国际金融机构

1. 传统世界多边金融机构

传统世界多边金融机构以世界银行和亚洲开发银行为代表,以贷款为主,其可与国内政策性银行、商业银行及丝路基金等联合投融资。如 2016 年,世界银行向成员国和私营企业提供贷款、赠款、股权投资和担保共 642 亿美元,"一带一路"相关地区占 60% 左右。其中,对能源和采矿,交通,供水、卫生设施和防洪三者的融资额占一半左右,与"一带一路"推进的产业联系密切。亚洲开发银行区位优势明显,总部位于菲律宾首都马尼拉,68 个成员国中有 48 个来自亚太地区,而东南亚地区是目前"一带一路"进展较快的地区之一,亚洲开发银行有望在东南亚地区的"一带一路"融资方面发挥更多作用。同时,亚洲开发银行作为区域性开发机构,在联合性担保融资方面可与国内商业银行展开合作,提高增信,降低融资成本。

2. 新兴多边金融机构

新兴多边金融机构以为"一带一路"量身打造的亚投行为代表,特点在于对接"一带一路"的专项性,以国际标准为"一带一路"提供信贷、债券、股权投资、保险等多元化、创新性融资模式。亚投行是全球首个由中国倡议设立的多边金融机构，重点支持基础设施建设。截至2017年12月，亚投行已成功投资24个项目，贷款总额达42亿美元，主要涉及能源、交通、城市基础设施等领域。①

二、投资合作基金

投资合作基金不仅能为"一带一路"提供投融资帮助，还能引导重点领域股权、风险、并购、证券等投资，撬动更多的金融资本和社会资本参与。

1. 国家层面

国家层面目前有丝路基金、中国—东盟投资合作基金、中国—东盟海上合作基金、中国—阿联酋投资合作基金、中国—欧亚经济合作基金、中非发展基金和中国—拉美投资合作基金、上海合作组织基金等。其中，最具代表性的丝路基金是以中国国有资本为主导创立的基金，主要方式是股权投资，在投资过程中还可以吸收民间资本和国际资本。丝路基金自2014年建立以来，始终坚持服务"一带一路"建设，定位于中长期开发性投资基金，通过股权、债权等多元化投融资方式，为"一带一路"提供资金支持。在此期间，丝路基金积累了丰富的港口、通信等项目建设经验，对于推进"一带一路"沿线国家和地区经济发展的互联互通发挥了积极作用。中非发展基金作为中国第一只专注于对非投资的股权基金，由国家开发银行承办，重点支持非洲"三网一化"及互联互通、中国企业对非产能合作及装备制造业"走出去"、农业民生、资源开发和工业（经贸）园区等领域，基金总规模为100亿美元。中非发展基金自成立以来，积极支持中非经贸合作，重点投资了一批农业、基础设施、加工制造、产业园区和资源开发等项目，有力地促进了中国企业对非投资，为所在国基础设施建设、

---

① 资料来源：中国一带一路网（https：//www. yidaiyilu. gov. cn/）。

"一带一路"金融服务简述

技术进步、出口创汇和增加就业发挥了重要作用。目前,资金规模达到了50亿美元,实际投资24亿美元,且已带动中国企业对非投资150亿美元。

2. 地方和企业层面

地方和企业层面,一方面有地方政府引导设立的基金,如广东省"一带一路"基金、湖南省"一带一路"基金(总规模200亿元)、广州市政府与企业联合设立的中欧"一带一路"产业基金等。地方政府引导设立的基金,将有力地支持当地企业"抱团出海"和创新国际化战略,共同推进"走出去"发展。另一方面,很多重要的中外企业都对参与"一带一路"投资建设兴趣浓厚。例如,中信银行旗下的"一带一路"基金,最主要的特点是以基金的形式来撬动社会资金,并通过PPP、"走出去"、并购重组、产业投资四类子基金,专项投资于基础设施互联互通、能源资源、生态环保、新能源、现代农业、文化教育等相关领域。国家开发银行联合广西投资集团建设的广西东盟"一带一路"系列基金,总规模达到500亿元;央企国家开发投资集团有限公司设立的"一带一路"基金,规模超过1000亿元;此外,还有天津企业设立的百亿级别的"一带一路"产能投资合作基金、美国金瑞基金推出的"一带一路"基金等。与此同时,还有政府、企业、母基金共建的基金,如福州市政府和国家开发银行、中非发展基金携手设立的总规模约100亿元的基金。

三、传统金融机构

传统金融机构主要包括银行、保险、证券等金融机构,在积极拓展海外布局的同时,通过制定和完善发展规划,不断推动金融创新,着力提升"一带一路"金融服务水平,在支持"一带一路"建设中发挥了重要作用。

1. 开发性和政策性银行

国家开发银行和中国进出口银行立足自身职能定位,充分发挥开发性、政策性金融的引领作用,全力服务"一带一路"建设。截至2018年末,两家银行在"一带一路"沿线6个国家共设立7家代表处。两家银行还分别设立了2500亿元和1300亿元等值人民币专项贷款,用于支持"一带一路"基础设施建设、产能、金融合作。截至2018年末,国家开发银行的"一带一路"沿线国际业务余额达1059亿美元,累计为600余个"一带一路"项目提供超过1900亿美元的融资;中国进出口银行在"一带一路"沿线国家发放的贷款累计达1744亿美元,"一带一路"贷款余额达1339亿美元,执行中的项目有1599个。

2. 商业银行

截至2018年末,共有9家中资商业银行在新加坡、阿拉伯联合酋长国、俄罗斯、越南和马来西亚等26个"一带一路"国家设立了69家一级机构(20家子行、42家分行、7家代表处)。统计数据显示,"一带一路"倡议提出以来,中资银行参与的"一带一路"建设相关项目超过3400个,累计发放的贷款超过3200亿美元,主要集中于交通基础设施、能源资源和装备出口等重点领域。例如,截至2018年末,工商银行共服务"一带一路"建设项目400余个。自2015年至2018年末,中国银行在"一带一路"沿线国家共实现授信新投放1301亿美元。截至2018年末,中国银行"一带一路"重大项目库共跟进"一带一路"区域重点项目逾600个。截至2018年末,建设银行累计为俄罗斯、巴基斯坦、阿拉伯联合酋长国、越南、沙特阿拉伯、马来西亚等29个"一带一路"沿线国家的117个项目提供了金融支持,签约金额达206亿美元,涉及电力与热力生产、交通运输、水利设施、石油和天然气开采等基础设施建设领域。

3. 保险机构

出口信用保险是为企业在出口贸易、对外投资和对外工程承包等经济活动中提供信用风险保障的政策性支持措施。目前,中国出口信用保险公司(以下简称中信保)已经形成了涵盖出口信用保险、海外投资保险、国内信用保险、进口信用保险、担保、应收账款管理、资信评估咨询、保单融资等数十种产品以及众多承保模式在内的综合服务体系,与"一带一路"建设的需求高度契合,在"一带一路"建设中发挥了重要功能和作用。

"一带一路"金融服务简述

2013年至2018年10月末,中信保累计支持对"一带一路"沿线国家的出口和投资6648.3亿美元,业务覆盖所有沿线国家,覆盖基础设施互联互通、产能合作、境外经贸合作区等重点领域,重点支持了铁路、电力、通信、钢铁、汽车、工程机械等行业,持续发挥了在稳定"一带一路"国家出口以及促进产能、装备和投资合作等方面的独特作用。此外,国内保险机构的保险资金通过债权、股权等形式投资"一带一路",截至2017年8月末,项目总金额达到7414.44亿元,投资地域覆盖欧洲、亚洲、美洲,投资领域涉及港口交通、能源资源、能源运输、海上装备等。

4. 证券机构

中国证券交易所走出国门,积极参与"一带一路"沿线国家证券交易所建设。2017年5月,上海证券交易所与阿斯塔纳国际金融中心(AIFC)签署合作协议,成为战略合作伙伴,双方共同投资建设阿斯塔纳国际交易所(AIX)。2018年7月,AIX正式开业。作为阿斯塔纳金管局的战略合作伙伴,上海证券交易所持有ATX 25.1%的股份,双方在人员交流、技术咨询、业务规划及市场推广等方面开展全面合作。另外,国内证券公司通过自身业务布局或直接在"一带一路"沿线布局设点的方式,践行"一带一路"倡议。截至2017年6月,中国有2家证券公司在"一带一路"沿线国家设立了子公司,"一带一路"沿线国家有32家机构在中国取得了QFII资格,有32家机构取得了RQFII资格①;同时,通过提供投行服务、研究服务等业务布局参与"一带一路"建设,例如中信建投为参与"一带一路"重点项目建设的多家境内央企提供投行服务,承揽A股上市保荐项目、担任重大资产重组独立财务顾问等。此外,推动"一带一路"沿线国家金融机构和企业到国内发行熊猫债券,也是券商通过业务支持"一带一路"建设的重要方式。

---

① QFII即合格境外机构投资者,RQFII即人民币合格境外机构投资者。

四、其他机构

其他机构主要包括实体企业、社会资本等。"一带一路"中最具长远发展优势的是基础设施建设投资,而基础设施建设投资作为中外企业对"一带一路"沿线国家投资的重要组成部分,存在巨大的融资缺口。通过加大金融创新、PPP等模式来吸引更多的社会资本加入"一带一路"建设,将有助于推动形成多元化融资模式,深化产融合作,弥补"一带一路"建设的融资缺口。

1. 中资企业

《中国"一带一路"投资安全蓝皮书(2018)》指出,我国企业加快了"走出去"的步伐,正在逐步扩大对"一带一路"沿线国家的投资,对"一带一路"沿线国家投资稳步增长。2017年1~10月,我国企业共对"一带一路"沿线的58个国家进行了非金融类直接投资111.8亿美元,占同期我国对外直接投资总额的13%,较上年提高了4.7个百分点,投资主要流向新加坡、马来西亚、老挝、印度尼西亚、巴基斯坦、俄罗斯、越南等国家和地区。2018年上半年,中国企业对"一带一路"沿线的55个国家新增投资共计74亿美元,同比增长12%;与"一带一路"沿线国家新签对外承包工程合同额477.9亿美元,占同期总额的44.8%;完成营业额389.5亿美元,占同期总额的53.5%。

2. 外资企业

国内外企业共同参与"一带一路"建设,在为中国企业探索"走出去"的更好模式与路径的同时,也为应对"一带一路"建设中的融资挑战提供了合作共赢的道路。例如,美国通用电气公司(GE)与中国工程总承包(EPC)企业合作,积极参与"一带一路"沿线国家的能源基建工程建设。美国通用电气公司与丝路基金在2017年宣布,双方共同出资5亿美元组建联合投资平台,支持"一带一路"沿线国家能源基建项目。这也是通过整合全球融资平台和渠道,推动"一带一路"沿线国家(地区)能源基

"一带一路" 金融服务简述

建项目发展的有益尝试。

3. 海外华商企业

很多海外华商企业已经参与到"一带一路"基础设施建设并取得了良好成果，如金光集团、正大集团等，作为海外华侨实体企业的典型代表，已经积极响应并投身到"一带一路"的建设之中。其中，金光纸业（中国）投资有限公司拥有 20 多家全资或控股浆纸企业并拥有近 20 家林业公司，其主营业务包含"一带一路"沿线国家的进出口贸易，向埃及、土耳其、印度、马来西亚等超过 42 个"一带一路"沿线国家出口产品。正大集团目前已经参与了"一带一路"框架下中泰高铁的建设项目，筹建一条从曼谷经旅游胜地芭提雅到罗勇府的高铁项目。

第三节 "一带一路"建设呼唤金融创新

随着"一带一路"建设的深入推进，基础设施互联互通、装备制造等产业的合作步伐逐步加快，强化金融创新成为新的要求。"一带一路"沿线基础设施建设具有投融资规模大、建设及资金回收周期长、投资回报率相对较低及风险相对较大等特点。此外，"一带一路"沿线主要为新兴经济体和发展中国家，经济实力和融资能力相对薄弱，也在客观上要求进一步推进金融创新，为"一带一路"建设提供强有力的金融支持。为此，从金融服务、商业模式及发展理念等方面入手加快金融创新，成为当前推动"一带一路"建设的重要命题。

一、信贷产品创新

商业银行在继续巩固发展当前传统金融产品，如双边贷款、银团贷款、出口信贷、项目融资贷款的基础上，进一步探索信贷产品的结构化创新，从传统的单纯依靠信贷转变为"商业银行＋投行"模式的全方位金融服务，提供多元化的金融产品。

商业银行通过强化信贷业务与金融市场型业务的创新融合，推动金融服务的跨产品联动。例如，中国工商银行在开展境外业务的过程中，把工银标准银行的利率掉期服务与出口信贷融资相结合，在为客户提供优质衍生业务服务的同时，达到了利率避险的目的。中国银行已经为境外约300个并购项目提供超过700亿美元的融资支持，涉及并购金额超过2000亿美元，多次荣获汤森路透评选的"亚太市场融资并购最佳银行"称号。

商业银行不断加强与多边国际机构的协同合作，通过在国际银团和出口信贷融资中安排世界银行、多边投资担保机构（MIGA）、国际金融公司等多边国际机构，创新参与"走出去"银团的组织结构。例如，中国工商银行推动巴基斯坦Dasu水电站项目，中国工商银行联合世界银行提供商业贷款、财务顾问、银团担保等综合性解决方案。

商业银行在中信保传统中长期险的基础上，不断探索多种类型出口信贷保险的结构创新。例如，中国工商银行的越南海阳电站项目是海上丝绸之路的重要节点项目，通过投保中信保海外投资险，实现了银行融资与出口信用保险的成功合作。此外，中国工商银行与中信保联合发布多项银保创新产品，在出口信贷的多个领域推进产品创新，产品包括PPP项目投融资、大宗商品结构化融资、次主权担保项目融资、当地币出口信贷、中信保项下债券发行、租赁与保险组合产品、中信保项下短期贸易融资、跨境投融资担保、跨境供应链融资和风险管理服务。

二、直接融资创新

"一带一路"建设资金需求量巨大，目前的建设资金主要为以各类银行机构为代表所提供的间接融资，资金融通方式较为单一，难以满足"一带一路"建设需求。因此，在间接融资之外，还应探索以债券市场、股权市场等为代表的直接融资方式创新。

对于"一带一路"建设，设立一个统一的资本筹集平台，有利于联结资金供需双方，为"一带一路"建设的投融资提供便利。2018年4月23

"一带一路"金融服务简述

日,上海证券交易所与阿布扎比全球市场已经就开展"一带一路"交流合作签署谅解备忘录。根据备忘录,双方将联合成立"一带一路"交易所,该交易所将为参与"一带一路"倡议的公司和投资者提供服务,为包括中国企业、外国公司和全球组织在内的参与各方提供一个集投资和融资于一体的国际资本筹集平台。

目前,全球主要股指包括美股的道琼斯指数、纳斯达克指数、标普500指数,中国香港的恒生指数,日本的日经225指数,英国的富时100指数,德国的DAX30指数,法国的CAC40指数及澳大利亚的标普200指数。为全面反映"一带一路"建设情况,回应市场需求,香港交易所已委任其与上海证券交易所及深圳证券交易所的合资公司——中华证券交易服务有限公司研究编制"一带一路"指数,作为反映有关计划发展动向的指数。该指数将会是离岸市场首个与"一带一路"相关的跨境指数,成分股均为符合沪港通和深港通买卖资格的证券,将有助于投资者把握"一带一路"沿线企业的投资机会。

"一带一路"沿线国家多属于发展中国家和新兴市场国家,资金融通需求强烈,但部分国家评级较低,难以进入国际市场融资。一些中资银行作为国际资本市场中重要的债券发行人,国际评级较高、融资能力较强,有实力在全球筹集资金,对接"一带一路"建设,降低"一带一路"建设的融资成本。目前,中资银行已经成功发行了一系列相关债券。

2018年4月,中国银行在境外成功完成32亿美元等值"一带一路"主题债券发行定价,募集资金将主要用于"一带一路"相关信贷项目。此次发行包括美元、欧元、澳大利亚元和新西兰元4个币种,共计6个债券品种,其中,美元债券发行规模为15亿美元,是2018年以来新加坡当地金融机构发行的最大规模美元债券;欧元债券发行规模和定价均好于预期,成功实现零新发溢价;澳大利亚元和新西兰元债券的本地投资者占比分别为49%和58%,当地市场认可度有所提升。中央银行/主权基金类优质投资者对本次发行青睐有加,在美元、欧元3年期浮息债券中投资占比分别高达40%和41%。本次债券是中国银行继2015年、2017年之后,第四次发行

"一带一路"主题债券。至此,中国银行"一带一路"主题债券总规模已高达百亿美元。四期"一带一路"主题债券涉及中国银行亚洲、欧洲、非洲等12家分支机构,均位于"一带一路"及其延伸地带,发行币种涵盖人民币、美元、欧元等6个币种,深刻诠释了"一带一路"倡议开放包容、互利共赢的新发展理念。

2015年至2018年初,国家开发银行在境外累计发行债券77亿美元和54亿欧元;2017年发行首笔中国准主权国际绿色债券,在香港发行国家开发银行首笔"一带一路"专项债券。

三、金融业务创新

金融机构可以利用自身的信息和专业化优势,为"一带一路"沿线主权政府和其他主体提供金融咨询服务。中资银行可探索以总顾问的身份,整合行内外专业研究、咨询服务和投行业务资源,为政府及其关联机构提供专业性、综合性、持续性、多层次和有偿性的财务顾问服务,满足客户不同阶段或特定项目的投行顾问服务需求。例如,工商银行利用集团内的投行平台,重点推进投行、商业银行的一体化金融,利用财务顾问、产业咨询等投行产品提升对"走出去"项目的前端引领能力。工商银行的储备项目中已获财务顾问委托函或已签财务顾问协议项目金额超过220亿美元,服务关口大幅前移,如在约旦核电、波黑燃煤电站、国家电网巴基斯坦NBT风电等代表性项目上,均通过提供财务顾问服务发挥更多的投商行联动优势。特别是国家电网巴基斯坦NBT风电项目,工商银行与巴基斯坦哈比银行组成的联合体为该项目提供了交互式财务模型编制、投资协议谈判咨询、融资安排等服务。

四、机构布局创新

中资银行的海外机构布局对其提供"一带一路"金融服务有着重要的基础作用。由于中资银行在性质、规模、定位和发展历史等方面存在差异,其海外机构布局处于不同的发展阶段，呈现出不同的发展特点。

一是发展阶段不同。工商银行、中国银行等大型银行的分支机构数量明显领先其他银行；农业银行、建设银行虽然同样作为大型银行，但是分支机构数量明显少于上述两家银行；国家开发银行和中国进出口银行在"一带一路"沿线国家大多以短期工作组形式开展项目融资，贷后管理和当地合规较为困难。股份制银行分支机构数量较少，目前仅有招商银行、浦发银行和中信银行在新加坡和哈萨克斯坦的3家分（子）行。

二是区域分布不均。中资银行在"一带一路"沿线国家的分支机构主要分布在东南亚地区，如在越南、新加坡等国设有大量分支机构，集中度较高，而独联体国家及中东欧国家则布点较少。

三是经营定位不同。大型银行在业务选择上倾向于具备商业回报性的项目，国家开发银行和中国进出口银行以服务重大关键项目为主，股份制银行主要为"走出去"企业提供境外延伸金融服务，城市商业银行则立足本地特色发展沿边金融。

总体来看，鉴于中资银行境外布局的不同特点和定位，以及面临的共同问题和挑战，可考虑在结合中资银行各自发展战略规划的基础上，统筹考虑所在国家政治和经济稳定性、金融市场开发程度、市场容量、客户资源等因素，有针对性、合理有序地推进海外机构布局工作。政策性、开发性银行可考虑探索设立境外区域代表处，整合资源，实现对区域内重点项目的持续性和集约化管理。大型银行可根据各行实际情况采取差异化策略，在实现商业可持续的基础上，审慎拓展业务服务范围，适度推动境外机构布局。股份制银行可考虑先在中国香港、新加坡等业务较集中的主要国际金融中心设立分支机构，并利用其辐射效应对"一带一路"沿线业务进行管理，待做稳做实后再审慎扩大机构布局范围。城市商业银行应充分发挥其决策快捷和机制灵活的优势，在立足当地、服务当地的基础上，根据实际情况，考虑在周边国家提供跨境金融服务。

此外，"一带一路"沿线国家的外资银行来华设立机构和开展业务，也可发挥其在全球网络、服务、了解当地市场和经验方面的优势，对"走出去"企业提供配套综合金融服务,助力"一带一路"建设。近期,我国已出台了一系列金融业对外开放举措,支持符合条件的"一带一路"沿线国家金融机构来华展业。截至2018年末,已有来自22个"一带一路"沿线国家的50家银行在华设立7家法人银行、19家外国银行分行和34家代表处。未来可进一步扩大对沿线国家的金融开放,支持沿线国家金融机构共同参与"一带一路"建设。

第四节 "一带一路"建设不断拓展商业合作模式和服务人群

"一带一路"投融资需求巨大,仅靠政府或开发性资金远远不能满足缺口,需要调动多方资源,共建"一带一路"。在此背景下,互联网金融面临难得的发展机遇。同时,针对一些大型基础设施建设项目资本金缺乏的问题,已经成立的丝路基金、亚投行等金融机构的股权投入可充分带动后续债权资金的进入,缓解资金瓶颈问题。此外,私募基金、风险投资机构、大型企业集团等社会资本也可充分发挥自身优势,进一步丰富和扩大"一带一路"建设的资金来源。

一、促进发展投贷联动

目前,银行提供的贷款是"一带一路"建设的主要资金来源。当前金融支持"一带一路"建设也存在金融机构收益和风险不对称的情况。一方面,出于多种原因,金融机构无法获得较高的利息收入;另一方面,一些"一带一路"项目风险较高,由此产生的收益和风险不对称情况较为普遍。金融机构探索使用投贷联动模式参与"一带一路"建设,是解决上述问题的有效方式。投贷联动是一种以商业银行为主、将股权和债权相结合的融资方式。这种融资方式主要用于解决商业银行向科技型中小企业发放贷款时存在的收益和风险不对称问题,通过投贷联动用股权投资的收益去覆盖债权部分的信用风险。债权方面的参与主体主要是银行,股权方面的参与主体则较为多样化,大致可分为风险投资和私募股权基金、集团内公司、外部机构几类。

此外,"一带一路"建设资金缺口巨大,尤其是一些大型基础设施建设类项目,往往具有前期投入大、投资回收期长等特点,在自有资金无法完全到位的情况下,银行的债权跟进也会受到影响。通过投贷联动模式,让更多的金融机构进行股权投资,可使发起人用较少的自有资金撬动更多的后续资金投入,有利于推动"一带一路"大型项目建设。

据不完全统计,目前国内银行共发起设立或参与"一带一路"相关专项基金十余只,包括丝路基金、东盟—中国系列基金、中国—以色列华亿创业投资基金、中国—阿联酋投资合作基金、中非发展基金、中国—东盟投资合作基金、中国—中东欧投资合作基金、中国—欧亚经济合作基金、中非产能合作基金、中国—中东欧基金等,中资银行参与方主要为国家开发银行、中国进出口银行、中国工商银行及中国银行。基金投资方向涵盖基础设施、资源开发、医疗民生、信息科技等领域,业务范围覆盖东南亚、中东欧、非洲等"一带一路"沿线地区。目前,上述基金已投资或承诺支持超过150个"一带一路"建设项目,承诺金额118亿美元。

投贷联动模式在国内尚属新生事物,对"一带一路"的应用更是一个崭新的课题。投贷联动业务的顺利、有序开展,需要政府和金融机构的共同努力。

一是做好顶层设计。中国银行业金融机构投贷联动业务尚在起步阶段,对于业务流程的设计还不成熟,对风险特征的把握还不准确。在这种情况下,相关部门应重点加强顶层设计,监管部门发挥主导作用,推动业务有序发展;细化监管要求与实施方案,探索开展试点,参考国际标准,及时调整政策和制度;此外,应重视推广和扶持,例如对开展相关业务的金融机构提供更多的风险缓释措施,或建立贷款风险补偿机制。

二是探索模式创新。目前,金融机构已对投贷联动业务模式有了初步探索,应结合已有经验,进一步推动业务模式创新。现阶段,银行可通过与股权投资公司合作，特别是以直接成立投资机构类型子公司的方式来重点针对"一带一路"项目开展投贷联动业务，以便在系统内更好地协调业务开展，控制总体风险。同时，考虑到各类基金在专业和机制方面的优势，银行也可与各类基金在投贷联动领域进一步加强合作，提高外部合作的有效性。中资银行在此方面已经取得了一定的成效，例如中国银行通过全资子公司中银国际、中银投资、中银基金分别经营国际投资银行、直接投资、投资管理、基金管理等多项业务。中银国际为海内外客户提供一站式投行服务，包括股权融资、杠杆融资、结构融资等。中银投资也参加了"一带一路"沿线等区域的大批大型基础设施和重点项目建设，投资领域涉及地产、工业、能源、交通、传媒、旅游、金融等。2010年，中国银行向中国—东盟投资合作基金投资1.5亿美元并参股，参与该公司的股权投资管理。

三是加强风险防控。金融机构在开展投贷联动业务时应坚持风险防控的基本要求，把好项目准入关，对企业的财务经营指标进行监控，防止风险过度集中，适度分散国别、项目等方面的风险；在保证风险基本可控的同时，加强与股权投资机构的协同配合，避免承担全部信贷风险。

四是建立考核机制。金融机构在严格执行监管规则的同时，应探索制定符合行业特征的业务发展指引和考核机制。针对"一带一路"建设项目风险偏高的特点，对于投贷联动业务的考核，应改变评价单信贷业务的逐笔考核模式，而将股权投资业务收益与贷款业务收益整体进行打包评价，并制定合理、可行的激励机制。

二、大力引入社会资本

"一带一路"建设融资需求巨大，据亚洲开发银行推算，"一带一路"全部覆盖区域中的基础设施投资缺口每年超过6000亿美元，仅靠金融机构和国际金融组织提供的贷款等债权融资难以有效满足如此庞大的资金需求。只有充分调动各种类型的金融资本，才能使"一带一路"获得更加优质的金融服务。社会资本资金来源种类广泛，可吸纳大量民间资本，对服务

"一带一路" 金融服务简述

"一带一路"的国内外企业均可进行股权投资，同时可以通过发行可转债和可交换债等方式进行兼具股权和债权特性的投资，从而提供灵活多样的金融产品。调动社会资本深入、广泛地参与"一带一路"建设，可以为"一带一路"建设吸引到更大规模的境内外社会资金，改变过于依赖政策性资金的局面；同时，可以进一步优化"一带一路"项目的融资结构，改变债权融资占比过高的现状。综上所述，社会资本股权投资等方式可与其他融资方式互相补充，形成各有侧重的格局，为"一带一路"建设提供更加全方位和多层次的金融支持。

市场化的社会资本来源广泛，资金可来源于私募股权基金、风险投资基金、另类投资基金、证券投资基金、基金管理公司、大型企业集团、证券公司、信托公司、保险公司、资产管理公司、金融科技公司、私人资本企业、互联网公司、科技公司、电商、海外华商资本、外资等各类实体。与多边国际金融机构和国内政策性、开发性金融机构相比，社会资本可进一步提升"一带一路"建设的市场化程度。由于各类公司对投资资本管理方式的专业化，在选择"一带一路"投资项目时更容易发现项目自身的商业潜力；专业能力和股东身份，使其可以在被投资企业的发展战略、治理方式、经营管理等方面发挥不可替代的作用，最终以多种方式成功退出项目并获取收益。这种完全市场化的融资与投资模式不仅有助于动员更多社会资金支持"一带一路"建设，而且可以淡化"一带一路"的政治色彩，激发沿线国家的资源力量按市场化原则参与"一带一路"，共商、共建、共享。同时，社会资本对被投资企业长期发展能力的关注度高于商业性金融机构和"一带一路"债券。商业性金融机构提供的贷款和"一带一路"债券都是债权融资，有固定存续期限且只收取利息，主要关注如何保证企业还本付息。社会资本对被投资企业的经营状况、盈利能力和发展前景极为重视，对风险的承受能力相对商业性金融机构较高，在协助企业提升经营管理水平方面更有动力。这有助于在经济发展水平偏低但风险水平较高的"一带一路"沿线国家培育优质企业并推动产业结构优化升级。此外，社会资本的投资方更加多样，可以更充分地调动利用各投资方在政策、资金、行业、技术、信息和人才等各方面的优势,对"一带一路"融资体系内的各资源要素进行横向整合,使资金在精准投入中释放出更大的经济效益和社会效益。市场化的资本平台也能汇聚融合各具特点的投资者,除了优质社会资本,如再吸收一部分政策性资金或商业性金融机构资金,则既可以发挥市场化机构在效率和机制等方面的优势,又能实现类似于政策性资金的统筹功能、引导作用和放大效应,还可以与商业性金融机构资金形成投贷联动等业务协同,实现对"一带一路"融资体系的串联整合。

发展社会资本,首先要加强信息共享。对于投资机构而言,"一带一路"沿线国家的政治风险和法律风险差别很大,面临较大的国别风险管理压力。各类社会资本只有在充分掌握企业信息和潜在项目信息的基础上,深入开展国情调研并建立国别风险预警与管理机制,才能切实提升风险管控能力,因地制宜地发掘"一带一路"投资机会。

其次,联通资本市场。这不仅有助于减少对传统的银行贷款等间接融资方式的过度依赖,而且可以丰富各类型社会资本在"一带一路"项目上的投资渠道,同时也能使作为项目收购方的上市公司提升业绩,实现互利共赢。

最后,放宽准入要求。"一带一路"沿线国家间的社会资本可以开展多种形式的合作,如设立子基金公司、子投资公司、子资管公司等,在相互借鉴和补充中共同提升"一带一路"金融服务水平。

三、打造"数字丝绸之路"

互联网金融是对金融市场"长尾理论"和"二八法则"的颠覆。传统观点认为,20%的人拥有80%的财富,这些人消费的商品却占整个市场销量的80%。因此,商品供应者只针对最有购买力的群体,就能发挥规模效益,获得最大收益,而市场上长长的"尾部"(以80%的投入只获得20%的回报部分)长期被忽视。

在"一带一路"建设中,互联网金融在降低金融交易成本、提高金融资源配置效率、扩大金融服务半径等方面具有独特优势。网络借贷、众筹融资、第三方支付、互联网小贷、大数据金融平台、信息金融门户、票据理财、互联网销售等服务将为"一带一路"沿线的中小企业融资和机构投资带来便利，较高的运营效率使其迅速拓展到沿线国家，成为发展普惠金融的重要补充手段。

1. 科技驱动，优化服务

现代社会信息化、数字化发展特征显著，现代金融体系越发具备"无网络不金融""无移动不金融"的独特要素。金融机构开展金融创新，要以科技为驱动，同时坚持服务实体经济、有效防范各类风险及保护消费者合法权益的原则。目前，中国一些互联网企业在提供普惠和便捷化金融服务方面已经走在全球同业的前列。例如，微信、支付宝凭借网络导流和场景优势，提供方便快捷的支付服务，用户体验良好，中国移动支付的发展程度举世瞩目，对"一带一路"沿线国家的支付升级也将起到很大的带动作用。

2. 加强合作，打造平台

互联网金融能够穿透不同币种、文化、地域，打破地区间贸易和币种间的束缚，具备打造连接支付、信用、再保险等方面平台的能力；在此基础上，如果能够把信用、保险、流动性和风险规避都转化为产品，则可以将互联网金融打造成一个更大的生态，这个生态将银行、保险、证券等行业都纳入其中，交易量不可估量。例如，支付宝与基金公司合作，打通"支付宝购买基金、基金余额抵扣支付宝"的双向通道。该种模式可以向"一带一路"沿线国家推广，以吸引更多资金参与"一带一路"建设。

3. 中国的互联网企业将在建设"数字丝绸之路"中彰显重要力量

一方面，阿里巴巴集团、腾讯公司、百度公司、京东公司等中国互联网龙头企业均跻身全球互联网企业市值前十位，在互联网技术、经营模式等方面具备先发优势，已经成为中国经济的"新名片"。另一方面，中国和全球经济的数字化进程构成"数字丝绸之路"的内生动力。随着中国在科技金融、"互联网＋"及数字制造等新领域的快速发展，传统产业正在飞速数字化,与互联网金融的融合程度也在不断加深。中国许多交通、服务、教育类企业正在快速地数字化、互联网化;同时,传统行业与互联网融合的新零售革命,正在许多"一带一路"沿线国家发生。这意味着中国互联网企业将成为建设"数字丝绸之路"的重要力量。

4. 建设"数字丝绸之路"要重点打通内外市场,线上与线下相融合

"一带一路"倡议的推进,有助于中国产品出口,但更重要的是,"一带一路"倡导共享,要与沿线各国人民共同享有发展红利。如果中国制造导致沿线国家的中小企业被挤出市场,或者对当地经济链条产生冲击,将不利于沿线国家的共同福祉。"一带一路"发展的关键,在于整合沿线国家的产业链,为广大沿线国家打造创新平台,为沿线国家中小企业提供发展机遇,为沿线国家的人民提供就业机会。从目前"数字丝绸之路"建设的外部环境来看,一方面,中国跨境电商企业迅猛发展,为大批中国中小企业广泛拓展了全球市场。据统计,2015—2017 年,国内某跨境电商的全球消费者数量就增长了 3 倍,并且消费次数不断增加。跨境电商等新业态快速发展,已经成为当前全球贸易的重要增长点。中小企业的发展,对于切实推动"一带一路"建设,缓解保护主义、民粹主义具有极为重要的现实意义。另一方面,得益于新零售模式的出现,线上、线下的融合得到了快速发展,国内的消费升级也具备了向"一带一路"沿线国家推动的内生动力。

5. 建设"数字丝绸之路"不应忽略民心相通

基础设施的互联互通离不开顶层设计以及大型企业的主导,同时"数字丝绸之路"能够增加"一带一路"沿线国家人民尤其是青年间的往来,对于沿线国家的民心相通具有不可替代的作用。中小企业、创业者、青年人对于数字经济的欢迎,为"一带一路"沿线国家民众间的人文交往、文化和区域间的民间交流创造了有利的软环境,对于构建人类命运共同体至关重要。"数字丝绸之路"的受益者不仅是中小企业和大众创业者,一方面,"数字丝绸之路"的推进有利于"一带一路"沿线国家达成新的互联

"一带一路"金融服务简述

网精神与规则共识。中国互联网企业在达成上述共识方面具有独特优势，由于中国在数字经济上的领先优势以及中国市场的巨大体量优势，中国互联网企业可以在"一带一路"沿线国家达成数字经济共识方面发挥更大的作用。中国的互联网企业在进取精神方面也颇有值得称道之处，比如以阿里巴巴集团为代表的中国互联网企业一直力推 eWTP（电子世界贸易平台），并得到了阿根廷等国家的高度认同。另一方面，"数字丝绸之路"可以通过统一的数字经济规则，为沿线各国人民打造新的共同语言。以阿里巴巴集团为例，其创办的淘宝大学丝绸之路培训基地对来自哈萨克斯坦的食品、果蔬、面粉、蜂蜜、机械制造、零售业等产业精英进行针对性培训。此外，中国与"一带一路"沿线国家设立的文化交流中心和文化交流联盟，吸引了沿线各国青年，成为很多沿线国家的主要旅游客源地，在旅游、文化、教育、科技、金融等领域与沿线国家居民、学者、企业家、汉学家、文化官员、经济学家等沟通、交流和往来的频率大幅增加。

第五节 "一带一路"建设推动金融发展理念创新

2017年召开的"一带一路"国际合作高峰论坛和2017年全国金融工作会议着重强调加强"一带一路"金融创新，鼓励发展绿色和普惠金融，为更好地推动"一带一路"建设提供了新的发展理念。

在"一带一路"建设持续加速推进、国际合作不断深化的大背景下，金融机构大力发展绿色金融、推广普惠金融，积极承担社会责任，在全球共享绿色和普惠发展的理念与实践，对促进各国政府、企业和公众间的相互合作，推动"一带一路"建设中的民心相通具有重要作用。

一、推动绿色金融创新，促进可持续发展

可持续发展问题是世界各国普遍面临的问题，尤其是在部分"一带一路"沿线国家，由于生态环境相对脆弱、经济增长方式较为粗放、资源利

用率普遍偏低等，可持续发展问题更为严峻。从投资需求看，基础设施建设、产能合作、能源资源合作等"一带一路"的重要建设领域与居民健康和生态环境息息相关。一些投资者在"一带一路"项目建设过程中暴露出了环境意识淡薄、环境风险管理能力较差的问题，导致环境风险事件时有发生，甚至影响到项目进展。

因此，在"一带一路"建设中发展绿色金融，推动绿色投资，有利于树立中国良好的国际形象和展现"一带一路"巨大的正面作用。

2016 年 8 月，中国人民银行、财政部等七部委联合印发《关于构建绿色金融体系的指导意见》，支持和鼓励银行业开展绿色信贷。自"一带一路"倡议提出以来，中资银行率先垂范，在实践中获得了丰富的成果和经验，可以总结为以下几个方面。

一是制定绿色信贷相关战略规划和政策制度。国家开发银行成立了绿色信贷专项工作组，制定并出台了《国家开发银行绿色信贷管理暂行办法》；农业银行印发了《关于贯彻落实七部委〈关于构建绿色金融体系的指导意见〉的实施意见》；中国银行制定了《中资银行"绿+"计划》等。

二是积极参与国际绿色金融标准制定。工商银行入选联合国环境署金融倡议组织（UNEP FI）发起的"全球银行业可持续原则"核心银行工作组。"全球银行业可持续原则"核心银行工作组由来自全球五大洲、19 个国家的 26 家银行组成，为全球银行业可持续发展制定一整套原则、框架与指引。该核心工作组于 2018 年 11 月 26 日在巴黎 UNEP FI "全球圆桌会议"上发布"全球银行业可持续原则"草案，并在全球范围内公开征询意见后，于 2019 年正式公布。届时，"全球银行业可持续原则"将与联合国责任投资原则（PRI）及保险可持续原则（PSI）一道，成为指导全球金融业践行联合国可持续发展目标和《巴黎协定》承诺的重要标杆。目前，工商银行已派代表参加了核心工作组多轮前期筹备会议，并代表中国银行业介绍了中国在绿色可持续发展方面的实践经验。作为参与核心银行工作组的中资银行，工商银行将深度参与该原则起草的相关工作，在推广中国绿色金融先进经验的同时，积极参与国际绿色金融标准的制定。

"一带一路"金融服务简述

三是大力开展绿色信贷业务。银监会于2018年2月披露了2013年6月末至2017年6月末国内21家主要银行绿色信贷的整体情况。绿色信贷规模保持稳步增长,从2013年末的5.20万亿元增长至2017年6月末的8.22万亿元,其中,绿色交通、可再生能源及清洁能源、工业节能节水环保项目贷款余额较大并且增幅居前。截至2017年2月,国内21家银行业机构绿色信贷余额7.5万亿元,占所有信贷余额的9%。绿色债券发行规模也从2015年的几乎空白,增加至2016年的2400亿元,占全球总量的近40%。中资银行在"一带一路"中的信贷项目也大量投资于绿色领域。例如,中国进出口银行发起的中国—中东欧投资合作基金所投资的项目中有55%投向了风电、光伏等绿色能源领域。国家开发银行建立了内部管理制度,在项目选择和评审环节,明确要求对项目劳工条件、污染防控、土地征用和环境保护等进行全面评估。

四是积极发行绿色债券。2017年,国家开发银行在境内先后发行250亿元绿色金融债。同年11月,国家开发银行成功发行首笔中国准主权国际绿色债券,包括5年期5亿美元债和4年期10亿欧元债,如表2-1所示。

表2-1 中资银行发行的部分绿色债券

中资银行	发债	时间
中国银行卢森堡、纽约分行	境外绿色债	2016年7月
中国银行伦敦分行	境外绿色资产担保债券	2016年11月
中国银行巴黎分行	境外气候债券	2017年11月
中国银行	境外可持续发展、绿色债	2018年5月
国家开发银行	首笔中国准主权国际绿色债券,用于"一带一路"绿色产业	2017年11月

五是建立和完善环境风险管理标准。在参考借鉴国际金融公司绩效标准和赤道原则的基础上,进一步建立健全环境风险管理标准,提高企业环境风险管理能力。

六是建立内外一体的管理流程。建立专职与兼职相结合的环境和社会风险专家队伍,为不同国家和行业项目的环境与社会问题提供专家意见,将声誉风险管理机制延伸至环境与社会风险引起的声誉风险领域。

七是推动绿色金融国际合作。强化各国在绿色金融领域的活动效果及影响力的量化和可比性,对绿色信贷、绿色债券等绿色金融产品形成一套完整的、可全球比较的评价体系和技术指标;推动绿色金融项目的信息系统建设,推动各国绿色金融项目信息的公开以及最佳案例的比较和评估,推动各国就绿色金融定义和标准形成共识。

二、推广普惠金融,实现共同发展

1. 普惠金融是"一带一路"建设的内在需要

部分"一带一路"沿线国家经济发展相对落后,金融服务相对缺失,中小微企业融资困难普遍存在,银行资金借贷过程较为复杂,信贷资金利率普遍较高,埃及等国家的贷款利率甚至达到了10%~20%。[①] 缺乏资金支持导致中小微企业自我"造血"能力减退,产品在市场上没有竞争力,产业结构恶性循环,严重影响所在国实体经济的发展。

2. "一带一路"建设与普惠金融之间存在天然的内在联系

首先,两者的出发点和落脚点都是提高人民群众的福祉,都具备广泛的包容性。其次,两者都坚持市场化的运作,都不是简单的"输血",也不是"一锤子买卖"的短期行为,而是通过金融服务、实体经济发展等途径提升地区、企业、家庭的竞争力,使之具备长期"造血"的能力。最后,两者都坚持互利共赢原则,都不以牺牲一部分群体的代价来换取另一部分群体的利益,而是通过促进资源的合理配置,实现可持续的共享式发展。[②] 因此,"一带一路"建设和普惠金融形成了互相补充和推动的良性互动关系。一方面,普惠金融关注中小微企业、低收入人群,消除金融服务的盲区,进一步健全了金融服务网络;另一方面,"一带一路"建设能够为全球

---

① 孟刚. 人民币国际化与"一带一路"[J]. 中国金融, 2019 (8).
② 张光源, 刘相波. 为什么要在"一带一路"建设中强调普惠金融?[N]. 证券日报, 2017-05-20 (5).

的普惠金融发展搭建良好的平台，使普惠金融的发展更具国际性，也更容易通过市场的检验。

2015年，国务院印发《推进普惠金融发展规划（2016—2020年）》，各监管部门纷纷出台相应政策，中国已经形成了多层次普惠金融政策体系。在这个大背景下，中资银行普惠金融加快发展，在相关领域开展了大量有益的实践活动。

一方面，中资银行设立专项贷款，促进民心相通。除重大项目外，中资银行还积极支持"一带一路"沿线国家中小企业和民生发展。例如，国家开发银行设立了20亿美元的APEC中小企业专项贷款，支持亚太地区民生经济发展，通过埃及银行转贷方式融资支持埃及中小企业发展；中国进出口银行为缅甸提供小额农业贷款，惠及当地民众。另一方面，中资银行推动跨境撮合，服务中小企业。例如，中国银行于2016年在菲律宾举办"中菲中小企业投资与贸易洽谈会"，并于2017年"一带一路"国际合作高峰论坛期间陆续举办中意、中匈、中泰等以"一带一路"为主题的中小企业跨境投资与贸易对接会。2014年以来，中国银行已在全球举办50场跨境撮合对接会，吸引来自五大洲87个国家和地区的近3万家中外企业参与，行业涉及高端制造、环保、信息科技、教育、医疗、现代农业、生物医药、新能源、旅游服务，帮助企业成功实现贸易、投资、技术引进等一系列商务合作。除中国外，共有36个"一带一路"成员国的2578家企业参与了逾万轮次洽谈。在筹办活动的同时，中国银行陆续与这些国家的政府、银行、商会、社会团体等共同搭建客户互荐和跨境撮合的服务体系，服务辐射50余个"一带一路"沿线国家。

3. 着力推动中小微企业成长

"一带一路"建设涉及大量的中小微企业，这些企业对经济发展、改善民生的作用不容小觑。发展普惠金融，就是要为那些具备发展潜力的中小微企业解决金融服务方面的后顾之忧，促使它们发挥更大的作用。

4. 着力提高低收入群体的金融服务可获得性

针对"一带一路"范围内的大量低收入群体，要让他们平等、广泛、有效地享受金融服务，同时更要帮助他们逐步提高金融素养，积累"自我造血"的能力。通过普惠金融，降低低收入群体生产、生活成本，助力他们增加收入。

5. 着力推动创新，提高贸易效率

普惠金融在互联网金融、科技金融兴起的大背景下，在移动支付等领域也有不少创新。"一带一路"是创新之路，科技与金融要进行深度融合。普惠金融主张的金融服务便捷性和广泛性，与大数据、云计算等领域的发展需求高度契合。[①] 同时，普惠金融通过对支付、结算、征信等多个领域的带动作用，可以有效促进"一带一路"的贸易畅通，切实提高贸易效率。

三、兼顾经济效益和社会效益

企业社会责任的内涵是一个随着历史发展而不断延展和变化的概念。20世纪90年代的观点认为，企业的社会责任就是使利润最大化。如今，企业社会责任早已不再局限于仅对股东负责的范畴，而是进一步包括对员工、消费者、社区、客户、政府等利益相关方的责任。金融机构作为提供资金的中介，自身承担的社会责任本身就不同于直接参与项目建设的实体企业。金融机构履行社会责任有利于自身健康发展。金融机构的社会组织属性，使其必须响应各利益相关方的需求。金融机构必须处理好与雇员、消费者、政府及社会的关系，才能获得生存和发展。同时，"一带一路"建设客观上要求金融机构履行社会责任。"一带一路"倡议要实现民心相通，必然要求金融机构不能只顾自身利益，只从商业角度考虑和处理一切问题，而是要积极履行社会责任，积极投身社会公益。中资金融机构历来重视履行社会责任，大型中资银行每年均会发布社会责任报告，详细介绍上一年度履行社会责任的情况。在服务"一带一路"建设过程中，中资金融机构也不忘履行社会责任，并取得了一定的成果。

---

① 张光源，刘相波. 为什么要在"一带一路"建设中强调普惠金融？[N]. 证券日报，2017-05-20（5）.

1. 强化沟通了解，塑造良好企业形象

目前，一些大型金融机构的海外机构数量众多，这些分支机构不仅代表自身及背后的机构总部，更代表一国形象。金融机构在海外开展业务，必须对东道国风俗、文化进行充分了解，通过多种形式加强与当地民众、非政府组织和媒体的沟通，互相加深了解，打造良好的企业形象，从而避免不必要的冲突和矛盾，减少东道国本土企业和民众的疑虑，有利于共建"一带一路"。例如，2016年国家开发银行累计为"一带一路"沿线国家举办多边培训20次，参训人员903人。中国银行先后面向柬埔寨、菲律宾、8个太平洋岛国、4个拉丁美洲国家、4个中东欧国家和9个非洲国家成功举办6期"一带一路"国际金融交流合作研修班。农业银行于2014年和2015年先后举办了中塔（塔吉克斯坦）金融研修班和中塔金融业高管研修班，推动中塔金融服务理念融合和产品对接。

2. 加大教育投入，培养"一带一路"专业人才

"授人以鱼，不如授人以渔。"现在，中国的很多工程承包类企业在开展"一带一路"建设时，都会雇用一定比例的当地员工，并有意培养当地员工的专业技能，以便在项目建设完工后，这些工人可以凭借自身的一技之长，继续为当地、为社区建设作出贡献。金融机构虽然不直接参与项目建设，但海外分支机构众多，具备足够的条件培养专业的金融人才。金融机构通过设立奖学金、互访互学等方式，可以为"一带一路"建设储备大量的专业人才，既可以为"一带一路"建设提供源源不断的智力支持，也可以为当地作出持续的贡献，利在千秋。例如，国家开发银行奖学金资助奖励18国98名外国留学生。中国进出口银行为厦门大学马来西亚分校提供融资支持，该校作为中国第一所海外大学，成为中国教育系统践行"一带一路"倡议的代表。中国银行匈牙利子行于2015年发起了中国银行奖学金项目，用于资助家境贫困的优秀学生，支持其更好地完成学业。

3. 金融机构努力投身社会公益，提高社会声誉

"一带一路"建设中的大型基础设施项目，建成之后造福当地民众，有

利于当地经济发展,大都得到了当地民众的认可和支持。但对于项目所在地以外的"一带一路"民众,或者那些暂时没有从"一带一路"建设中获得切实利益的民众,如何能让他们认可"一带一路"、认可金融机构的品牌?社会公益活动可以大有作为。金融机构可以利用自身实力,加大对一些地区灾后重建、特定人群帮扶等的支持力度,提高公益参与度,塑造公众形象,为"一带一路"建设营造良好的软环境。例如,2016 年 4 月日本熊本县发生 7 级地震,多人遇难,3000 多人受伤,中国银行东京分行迅速向地震灾区捐款 50 万日元。同年 8 月,意大利中部山区发生 6.2 级地震,中国银行米兰分行向地震灾区捐款 10 万欧元,支持灾后重建。2018 年 9 月,印度尼西亚中苏拉威西岛帕卢市和栋加拉县发生 7.2 级地震及海啸,中国银行(香港)有限公司雅加达分行向灾区捐赠 2 亿印度尼西亚盾,帮助受灾者渡过难关。

第三章

"一带一路"金融服务合作

"一带一路"的理念是共同发展、合作共赢,目标是推动区域经济合作、促进区域共同发展。它早已不仅是中国的规划,更是写入联合国大会决议的全球性战略。联合国负责经济发展的助理秘书长伦尼·蒙铁尔在接受新华社记者专访时曾说,"一带一路"倡议基于全球共同繁荣的理念,将推动亚非欧三大洲和其他地区的和平以及可持续发展。想要达到这个共赢发展的目标,只靠中国政府和金融机构的力量是远远不够的,更需要港澳台同胞、海外华商与资本、外资金融机构与资本和国际组织的共同参与、共同合作。

第一节　港澳台地区参与"一带一路"的市场与资金优势

一、香港是"一带一路"最重要的融资市场

改革开放以来,香港一向是国际资金、技术到内地的跳板。香港是重要的国际贸易、金融中心,长期以来也在内地"引进来""走出去"和扩大开放等方面发挥着重要作用。作为亚洲领先的企业财资中心,其优势在于拥有完善的金融基础设施,有具备一定深度和流通性的外汇和货币市场,有自由的资本流动、稳定和自由的汇率,同时汇聚了世界各地顶尖的银行。此外,香港拥有简单而具有竞争力的税制与普通法制度、受过良好教育的劳动人口与商业专才,以及世界级的运输与电信基建。

截至2017年3月,在港中资企业近4000家,总资产规模达20万亿港元,其中更有不少中资企业以香港作为其海外业务的区域总部。

2018年1～12月,香港在内地新设立企业39868家,同比上升120.68%;实际使用港资899.2亿美元,占内地实际使用外资(1349.7亿美元)的66.6%。[①]此外,在多年的经济改革中,内地企业累积了大量资金,在技术上具备国际竞争力,创造了"走出去"的机遇。2018年1～12月,内地对香港非金融类直接投资达700.5亿美元,占投资总额(1205亿美元)的58.1%,同比增长25.1%。截至2018年12月底,内地对香港非金融类累计直接投资达6223.7亿美元,占投资存量总额的52.7%[②]。如今,香港成为连接中国内地和世界的门户,将近六成的外商直接投资和内地对外直接投资通过香港进行。

另外,香港作为国际金融中心,具备发展成熟的资本市场,有利于债务证券化和项目融资,在多元化的债券投资环境下,2017年未偿还公司债

---

① 资料来源:商务部网站(http://www.mofcom.gov.cn/)。
② 资料来源:商务部网站(http://www.mofcom.gov.cn/)。

券额约2636亿美元，外币债务累计占本地市场的近一半。同时，香港广泛吸引多元投资者汇聚于此，包括201家香港金融管理局认可机构、158家保险和再保险公司，以及594个在香港依法成立的证监会认可基金，单是2014年，来自海外投资者超过七成的基金管理业务合计资产总值约2.3万亿美元。香港也是全球最大的离岸人民币业务中心及支付结算中心：2018年末人民币存款池全年上升6%，增至6577亿元，全球逾七成的人民币支付交易通过香港处理，人民币即时支付结算系统（RTGS）平均每日交易额达10101亿元。2018年，经香港银行处理的人民币贸易结算额增至4.21万亿元，较上年增长7.5%。香港为人民币的兑换、结算、贷款、发债、上市、资产和风险管理等提供全面的一站式服务。香港具备完善且成熟的金融基础设施，可以为"一带一路"沿线国家基础设施项目提供良好的融资途径。2011—2017年香港处理人民币贸易结算汇款情况如图3-1所示。

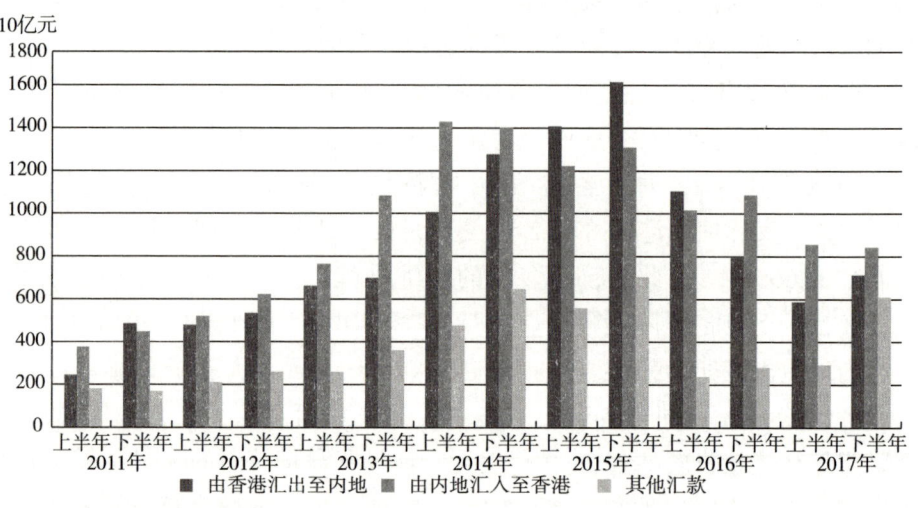

资料来源：香港金融管理局。

图3-1 香港处理人民币贸易结算汇款情况

据香港发布的《2018年第一季度经济报告》，截至2017年12月末，香港证券市场市值达33.7万亿港元（见图3-2），较2016年末上升37.9%，位居全球第六及亚洲第三，日均成交额年增96.5%至1461亿港元。2018年第一季度以首次公开招股筹集所得的金额计算，香港在期内排名全球第五位。截至2018年3月末，共有1070家内地企业（包括254家H股公司、164家红筹公司及652家民营企业）在香港的主板和创业板上市，占香港上市公司总数的49%及总市值的67%。与内地有关的股票在2018年第一季度占香港联交所股份成交额的79%及集资总额的87%。

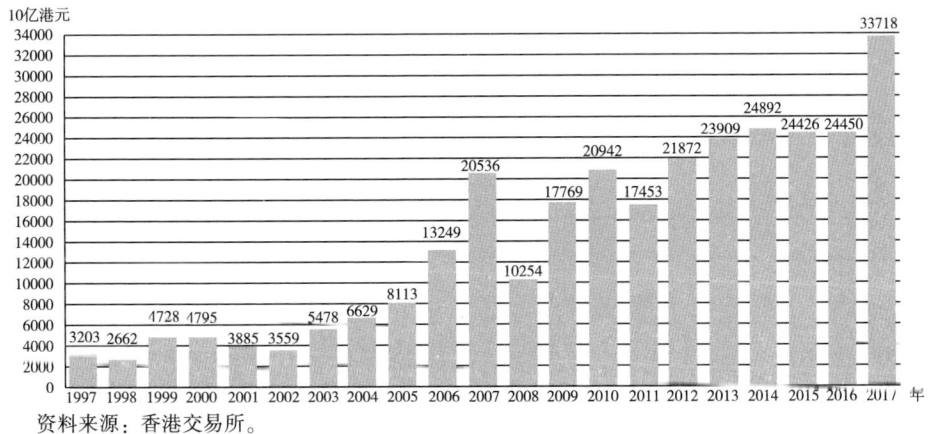

资料来源：香港交易所。

图3-2 香港交易所历年市场总值

沪港通、深港通开通以来，两地资金的流通渠道和相关基建运作顺畅。内地投资者通过沪港通及深港通为香港股市注入大量资金。截至2018年2月末，"南向"资金累计买入净额为8358亿港元（见图3-3）。2018年5月，沪港通及深港通每日额度增至原来的4倍，有利于A股在6月及9月顺利纳入MSCI新兴市场指数。2017年7月3日，"债券通"的"北向通"正式启动，为两地资本市场互联互通增加了一个重要构件。"债券通"推出以来，已成为重要渠道，方便国际投资者利用香港的市场基础设施及金融服务投资内地债券市场。截至2018年末，已有503个投资者登记为合格"债券通"投资者。2018年平均每日交易额为36亿元，较最初推出时的15亿元有所增加。此外，"一带一路"倡议、两地市场的互联互通机制及港股制度改革带来的政策红利为香港证券行业带来重大发展机遇。随着"一带一路"倡议的进一步推进，中国与"一带一路"沿线国家间的跨境投融资活动将越来越活跃。香港资本市场展现出较强的筹资能力，为"一带一路"沿线国家基础设施项目产生的巨大资金差额提供了资金支持。

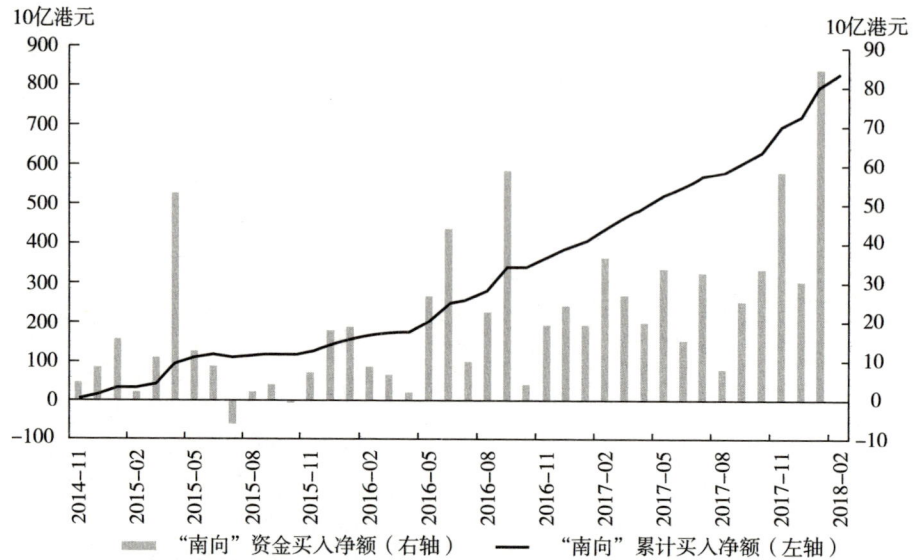

注：“南向”资金买入净额是指沪港通及深港通净买入净额的总和。
资料来源：香港环亚经济数据有限公司、香港金融管理局。

图3-3 股票市场互联互通机制累积南向香港买入净额

香港基建融资促进办公室（IFFO）扮演核心协调者，推动"一带一路"基建融资。推动"一带一路"沿线国家基础设施建设，是"一带一路"倡议的重中之重。据亚洲开发银行估计，2016—2030年，亚洲基建发展需要每年投入1.7万亿~2万亿美元，资金需求相当庞大，仅依靠公营部门的财政投入并不够，因此必须借助和鼓励私营机构的参与以拓宽资金来源。香港作为亚洲领先的国际金融中心、全球最大的离岸人民币业务枢纽，并有独特区位优势，一直是海外企业投资内地的窗口、中资企业海外发展的跳板。随着"一带一路"倡议的推进和落实，香港在基建股权、债权投融资方面担当无可比拟的中介，对资金融通可发挥极大的促进和催化作用。通过香港金融平台的合作，可以为"一带一路"沿线国家基础设施项目提供了所需的资金支持和多元化的融资渠道，包括上市集资、银团贷款、私募基金、债券融资等服务。

IFFO致力于提供一个促进"一带一路"资金有效融通的合作平台，便于主要持份者互相认识、交流信息和分享经验，从而促进基建投融资的发展。IFFO 的平台角色，就是发挥香港"背靠内地、面向全球"的优势，通过促进更多基建投融资活动使用香港的金融平台，为香港市场带来活力和商机。

平台搭建方面，IFFO 自成立以来已建立了一个强劲的基建投融资网络，成功汇集了 87 家有广泛代表性的合作伙伴，包括多边金融机构及发展银行、公营机构投资者、私营机构投资者、资产管理公司、银行、保险公司、基建项目发展及营运机构、专业服务公司及国际贸易协会等。

在政策沟通、民间交流方面，IFFO 已成为一个层次高、代表性强、讲求实效的基建融资促进平台，已筹办超过 20 次以本地与国际基建投融资为主题的研讨会、工作访问与政策对谈。以 2017 年 3 月 IFFO 举办的高层投融资者圆桌会议为例，出席者包括总资产规模达 4 万亿美元的投资方、开发银行和商业银行、基建项目发展机构及营运机构等。尤其值得一提的是，高层投融资者圆桌会议上拟备了一份有关股权投资的基建投资参考清单，列出了各类基建投资可能涉及的风险和缓减措施，使作为引资方的基建项目开发商可以更有针对性地响应出资方的关注和要求，也有助于增强投资者进入新兴市场的信心，撮合投资者及项目拥有人双方，使投资者资金更加有序、高效地流入"一带一路"沿线国家基础设施项目。

项目合作方面，IFFO 在 2016 年 12 月分别与国家开发银行及中国进出口银行签署谅解备忘录。根据谅解备忘录，两家银行承诺通过香港的金融平台促进区内基建融资市场的发展，旨在吸引更多内地企业利用香港的金融平台进行投融资。IFFO 也在 2016 年 7 月与国际金融公司（IFC）签署谅解备忘录，建立策略性合作框架，利用 IFFO 平台，合作推动更有效率、更有利于区内基建投融资的市场环境。IFFO 于 2017 年 6 月为 IFC 与瀚亚投资（两者均为 IFFO 合作伙伴）主持协议签署仪式，就 IFC 专为新兴市场的基建项目向机构投资者动员资金而推出的创新举措筹集资金，这一举措被称为联合贷款组合管理计划基础设施专案（MCPP Infrastructure）。IFFO 正探索这类举措及其他有助于吸引机构投资者的风险分级产品，以创造空间，引导贷款机构进一步为基建项目提供资金。

"一带一路"倡议下，人民币国际化前景光明。国家"十三五"规划支持香港强化全球离岸人民币业务枢纽的地位。随着近年来中国加快开放步伐，香港的人民币业务平台日趋成熟，为国际市场中的人民币交易提供了全面、高效的配套服务。根据环球银行间金融通信协会（SWIFT）的调查，目前全球约七成的人民币支付交易通过香港处理，体现了香港在国际市场人民币交易中的关键角色。2018年末，人民币客户存款及存款证余额总计6577亿元，较年初上升6%。2018年，经香港银行处理的人民币贸易结算额增至4.21万亿元，较上年增长7.5%。融资活动方面，离岸人民币债券发行量增加，2018年增至419亿元；人民币贷款则减少27%，2018年末为1056亿元。总体而言，人民币资金池仍相当充裕，其规模足以支撑大量人民币金融中介活动。相比新加坡和伦敦等全球约20个人民币离岸结算中心，香港也被视为基建投资的主要离岸人民币债券中心，包括结构型债券和基建债券。2018年11月，人民银行首次在香港发行200亿元离岸票据，丰富了香港的优质人民币资产类别，完善了香港人民币债券收益率曲线。各项发展指标均反映了香港在全球离岸人民币业务中的领导地位。截至2017年末，累计未偿还的人民币"点心债"超过2000亿元。鉴于近年来香港的离岸人民币贷存比率相对于约70%的整体贷款比率仍然处于较低水平，本地市场也对多元化和长远的投资工具如债券等有殷切的需求。香港离岸人民币市场基建的持续改善，将有助于吸引环球投资者来香港买卖人民币债券。

"一带一路"倡议的推进必将带来大量的基建投融资活动机会，进一步促进人民币国际化。中国内地资金和企业作为重要的推动者和参与者，将会大量使用人民币作为项目融资、定价和交易的货币，从而加速人民币国际化进程，人民币国际化与"一带一路"倡议两者相辅相成。香港作为最活跃的离岸人民币市场，拥有全球最大的离岸人民币资金池，并且在推动内地与香港资本市场的互联互通方面拥有丰富的经验。香港可以发挥离岸人民币中心的先行优势，提供人民币融资、结算、资产管理和风险管理等服务，为企业和投资者广泛使用人民币提供强大的支持和推动力。

香港是中资企业服务"一带一路"建设的窗口。对于正在拓展全球业务、积极参与"一带一路"建设的中资企业来说，香港是设立财务与资金中心的理想地点，也是扩充海外业务的跳板。中资企业高度重视在香港的投资发展，在香港的投资为实现其自身发展拓展了广阔的市场空间。

许多中资企业在参与"一带一路"建设过程中，积极利用香港的平台优势，开拓海外市场。在港中资企业投资推动了金融、贸易、航运、旅游等重点产业的发展，主导或积极参与了港珠澳大桥、广深港高铁、香港机场第三跑道等重大基础设施项目建设。现已有11家中资企业计划或已经在香港设立财资中心，5家中资企业成为IFFO的合作伙伴；有的企业选聘香港知名律师事务所、会计师事务所及咨询机构等，成功进行了多次海外并购；还有不少企业充分利用香港境外融资平台优势，为"一带一路"重大项目建设成功筹措了大量低成本资金。

"一带一路"覆盖逾60个国家，涉及复杂的企业财资运作，其中包括现金流管理、外汇、跨境支付、风险和责任控制等，需要筹建一个地区企业财资中心，以集中所有财资功能，帮助跨国企业提升运作效率、减少外汇风险。中资企业在香港设立财资中心，可以凭借香港高效的金融市场、全球最大的离岸人民币中心、国际级金融和相关专业人才等优势，提升营运效率，与香港业界携手开拓"一带一路"，充分利用香港资本市场，与香港专业服务加强对接，促进优势互补，成为资金进出内地的一个安全、高效的资金管理、风险管理中心。

二、澳门在海上丝绸之路建设中具有不可替代的作用

澳门一直是海上丝绸之路的重要一站，通过澳门这个重要支点，21世纪海上丝绸之路建设不仅可以辐射到东南亚、非洲和欧洲，还可以走向澳大利亚、新西兰和拉丁美洲。

澳门拥有其他城市难以取代的优势。首先，澳门具有桥梁优势，多种历史因素使澳门与葡语系国家保持传统而广泛的联系。九个葡语系国家遍

"一带一路" 金融服务简述

布四大洲，拥有2.6亿人口，面积超过欧洲的总和。澳门可利用与葡语系国家联系紧密的优势，积极协助中资企业开拓拉丁美洲、非洲等地葡语系国家市场。在海上丝绸之路，把澳门作为中国与葡语系国家商贸服务平台的规划，必将形成叠加效应。

其次，澳门具有归侨、侨眷资源优势。澳门拥有来自60多个国家的归侨、侨眷，他们建立了广泛的社会关系，从事的多元行业与产业大多集中在"一带一路"沿线国家。

最后，澳门拥有与内地联系紧密的优势。回归祖国以来，澳门与内地的经贸关系日益紧密。2003年签订的《内地与澳门关于建立更紧密经贸关系的安排》，有力地支持了澳门的繁荣发展。2014年国务院决定设立广东自贸区，面向港澳实现区域深度融合。澳门紧抓这一发展机遇和政策红利，借助粤港澳大湾区建设、横琴岛开发建设、澳门—珠海通关便利等一系列利好，打造升级版的澳门与内地合作新模式。

长期以来，国家对澳门的发展定位，无论是"世界旅游休闲中心"还是"中国与葡语系国家商贸合作服务平台"，在理念上都与海上丝绸之路一脉相承，在实施路径上相辅相成，在合作领域上相应而生。澳门充分发挥自身优势，发挥助力作用，并实现自身经济多元转型。

（一）借助粤港澳大湾区政策，重点推进基础设施互联互通

2015年3月，国家发展改革委、外交部、商务部联合发布《推动共建丝绸之路经济带和21世纪海上丝绸之路的愿景与行动》，其中对澳门融入"一带一路"作出了明确部署，即"发挥海外侨胞以及香港、澳门特别行政区独特优势作用，积极参与和助力'一带一路'建设"。

2017年7月，国家发展改革委、广东省人民政府、香港特别行政区政府、澳门特别行政区政府签署《深化粤港澳合作 推进大湾区建设框架协议》。作为国家发展战略的重要内容，粤港澳大湾区建设已成为中国全方位对外开放的重要依托之一，包括推进基础设施互联互通、强化内地与港澳的交通联系、构建高效便捷的现代综合交通运输体系。粤港澳三地在中央

有关部门支持下，完善创新合作机制，促进互利、共赢、合作关系，共同将粤港澳大湾区建设成为更具活力的经济区、宜居宜业宜游的优质生活圈和内地与港澳深度合作的示范区，打造国际一流湾区和世界级城市群。

在一系列政策规划下，金融机构积极推动粤港澳大湾区跨境资金自由流动，提高服务粤港澳大湾区实体经济发展的能力和效率，有助于粤港澳大湾区在更高层次上与纽约、旧金山、东京等世界级湾区竞争发展。此外，做好跨境资金流动的整体规划并抓住有利于拓宽跨境资金流动渠道的时间窗口，逐步增加资金流通途径，如完善深港通、基金互认、债券通等跨境资金双向流通机制及配套政策等，建立健全跨境资金流动管理的法律法规，进一步提升跨境资金流动管理效率，维护金融市场稳定。

（二）打造区域性特色金融中心，搭建中国与葡语系国家商贸合作服务平台

受惠于人民币国际化发展进程加快，澳门金融业的人民币业务保持稳步上升的发展态势。近年来，澳门拥有境外一级人民币清算行资格，清算渠道完善，具备成熟办理各类人民币业务的专业能力和技术水准。2018年5月，澳门人民币清算行获得中国人民银行的批准，成为人民币跨境支付系统（CIPS）的间接参与行，强化了中葡人民币清算中心建设，在人民币国际化进程中扮演越来越重要的角色。

尽管澳门金融机构具有一定优势，但其服务"一带一路"沿线国家的能力仍受制于金融市场规模小、融资渠道窄、投资工具传统、金融人才紧缺等问题。因此，在"一带一路"倡议下，澳门可借助与九个葡语系国家的良好历史渊源，将自身建设成为中国与葡语系国家商贸合作服务平台，达成区域性特色金融中心的目标。

在境外一级人民币清算行资格的优势下，澳门可扮演好中国与葡语系国家人民币清算中心的角色，直接连通葡语系国家和拉美地区做清算服务，降低有关企业的商贸结算与投资成本，为中国与葡语系国家等客户提供安全、优质、高效的金融服务。长期而言，在现有基础上，澳门应积极完善人民币的回流机制,并加快设立人民币、港元、澳门元三种货币的交易结算平台,使人民币与外币的兑换、汇款、贷款和多种货币清算能够同时进行,强化担当葡语系国家人民币清算中心的基础。以上路径将有利于把人民币的使用范围扩展到人口规模逾两亿人的葡语系国家,进一步巩固人民币作为重要国际支付货币的地位。

三、台湾资金充裕,通过与"一带一路"积极联结,把握历史机遇

"一带一路"倡议串联逾60个国家,人口数量达全球的63%,占全球GDP的比重达三成,更重要的在于整体投资金额相当可观。根据惠誉(Fitch)的研究,规划中或正在进行的"一带一路"相关项目投资金额高达9000亿美元,其中资金来源包括亚投行的1000亿美元、丝路基金的400亿美元、金砖五国开发银行的500亿美元,以及中国各主要银行的投入等。除主要资金来源外,尚有资金需求约2600亿美元,需通过其他参与方投入与银行参与来满足。

根据"台湾中央银行"公布的2017年第四季度国际收支,金融账户净流出210.6亿美元,其中居民对外证券投资净流出162.1亿美元。每年数百亿美元资金流出,主要通过银行及寿险公司进行海外投资,寻求优质海外投资目标。在对外投资动能强劲的基础上,台湾金融机构积极把握"一带一路"相关商机,成为"一带一路"项目稳定、优质的资金来源,间接促进两岸资本市场的深化合作与整合,推进债券、股票、衍生品市场的区域内开放,实现资源在两岸之间的自由移动。

台湾资金充裕,市场利率成本比其他地区低,长期以来台资银行高度参与亚洲银团业务,也是亚太银团市场最主要的参贷者。截至2017年6月,台资银行在亚太区银团联合贷款(Mandated Lead Arranger,MLA)的市场占有率达12%,非主办方的银团联合贷款市场占有率达33%,台资银行深度参与亚洲银团。此外,台资银行整体虽然占有较高的市场份额,但个别体量偏小,仅一家入榜亚太前十五大银团主导行,未来参与"一带一路"

大额贷款须跟随大型牵头行,虽然参贷金额不大,却能有效增加"一带一路"银团的参与银行数,并引入其他亚洲区域经常配合的小型外资银行。

东南亚各国在"一带一路"倡议中占有重要的海陆枢纽地位,不仅受惠于从中国西南陆上推进的丝绸之路经济带建设,更是 21 世纪海上丝绸之路的必经之路。同时,东南亚国家在"一带一路"沿线国家中的人均收入相对较高,且具有人口红利,预计东南亚国家将是中国推动"一带一路"倡议最大的受益者。

在东南亚地区"一带一路"项目推动下,除直接投资金额居首的新加坡为发达国家,基础设施建设需求较低,直接投资主要为金融业、房地产、石油业等项目而非基础设施建设外,其余"一带一路"主要投资国家仍有相当多的项目为基础设施建设,主要为交通设施建设、电力、电信、工业区等项目,如印度尼西亚的雅万高铁、老挝的中老铁路、越南的永新燃煤电厂,基于不同地区的资源与特性,进行不同类型的基础设施建设。除此之外,中国已与东盟各国从贸易畅通、资金融通、互联互通、产能合作、发展战略对接乃至人文交流方面全面推进合作,促进"一带一路"沿线稳健发展。

台资银行在海上丝绸之路沿线 18 国共有 201 家分支机构,其中以越南(55 家)最多,柬埔寨(45 家)居次,印度尼西亚(14 家)排名第三。随着"一带一路"在东南亚的推进和"五通"项目的快速开展,台资银行充分利用其在东南亚的分行网点优势,扭转当前台资银行在中国大陆网点过少、营运效益较低的困境,对台资银行长期发展大有裨益。

另外,台资企业自 20 世纪 90 年代起,在东南亚投资已经积累了一定的投资经验,投资规模庞大,尤其是对越南、泰国、马来西亚等国的投资。台资企业加大"一带一路"东南亚投资,有助于台资银行扩大在东南亚地区的业务,有效助力"一带一路"发展。

"一带一路"基建项目的资金特性为投融资规模大、建设周期长,单靠银行取得贷款难度较大,"一带一路"项目可以通过资本市场筹资。截至

2018年末，亚投行股东权益约195.1亿美元，资产规模达195.6亿美元。参考世界银行及亚洲开发银行的杠杆倍数，若亚投行未来杠杆放大3~5倍，则发债需求规模将相当大。

此外，台湾寿险业拥有庞大且长期稳定的资金，投资需求较大，近年来台湾国际板债市规模持续增长，自2013年以来国际板债券发行量一路攀升，2016年达493亿美元，2017年8月达330亿美元。根据太平洋投资管理公司（PIMCO）的研究，台湾国际板债券发行成本平均较美国相同条件债券低90个基点，因此台湾国际板筹资成本较具吸引力。在"一带一路"倡议下，台湾寿险业可利用其低廉且充裕的资金，把握"一带一路"相关投资发展机遇，作为"一带一路"概念债券长期且稳定的资金来源。

另外，台湾人民币存款丰富，有相当多的宝岛债发行经验，且利率相对较低，未来在"一带一路"项目筹集资金时以人民币为主要的资金币种，台湾在承接人民币债券的发行上将会有非常大的优势。"一带一路"倡议下，可通过发行宝岛债，筹措"一带一路"相关项目资金。

第二节　海外华商参与"一带一路"建设的作用和方式

自古以来，在亚太地区乃至全球范围内的经济活动中，华人都是不容忽视的一个活跃群体。海外华商企业的历史悠久，分布范围覆盖全球，对全世界的政治、经济、文化活动都有一定的影响力并逐渐融入当地社会。华商作为世界实体企业和金融资本的重要组成部分，在参与推动"一带一路"产融合作上具有独特的优势，能发挥巨大的作用。

一、海外华商与资本在金融服务的全球合作中发挥的作用

"一带一路"倡议的实施是建立在沿线各国乃至全球范围的互联互通、交流互鉴的基础上的，由于参与国众多，横跨多体制、多文化、多宗教，国与国之间必然存在历史文化、政治经济等差异，不同民族、不同信仰乃

至不同语言都会降低双方的沟通效率，国家之间的沟通壁垒会导致一定程度的信息不对称，这给金融服务的全球合作带来障碍，使合作成果大打折扣。

在扫除全球金融服务合作中存在的以上障碍方面，海外华商具有资本实力雄厚和地方影响力较大的优势，通过信息共享，作为桥梁纽带，能有效助力"一带一路"倡议跨区域的金融服务合作。

首先，海外华商以实业起家，资本实力雄厚。海外华商是世界上一支重要的经济力量，华商经济圈被称为"世界第三大经济体"。2007—2017年，入选福布斯富豪榜的海外华商从22人增长到了58人，增加了1.6倍；平均资产达29.02亿美元，十年间增长了1.3%。2016年"全球华商1000排行榜"中包括53家海外华商，总资产达1.4万亿美元。这其中还不包括未上市的大型海外华商企业及大量海外中小型华商企业，其增长速度之快、幅度之大可见一斑。海外华商是其所在国经济发展的重要参与者，也是最终成果的受益者。在资金、技术、人才、资源等方面，海外华商都具有一定优势，这有利于开展"一带一路"跨国界的金融服务合作。

其次，海外华商在所在国拥有相当的认可度与影响力。一方面，华人的分布范围广阔，在其所在国的发展历史悠久，对当地政治、经济、文化有相当深入的了解。同时，多年的经营使海外华商对所在国的政治、经济、法律乃至人文社会拥有不容忽视的影响力。通过与中国企业开展战略合作，帮助中国企业打通与当地政府部门、金融机构、行业协会之间的沟通环节，解读宏观经济政策，共享行业资讯，厘清相关法律法规及管理程序，从而规避信息不对称给中国企业带来的不利因素和潜在风险。另一方面，海外华商在其所在国家拥有丰富的政商人脉资源，社会影响力巨大。中国提出的"一带一路"倡议是在后金融危机时代，以使全球经济走出困境、获得稳定持续增长、实现人类共同繁荣为目标，由中国倡议全球多国共同打造的一条合作共赢之路。"一带一路"沿线国家和地区的海外华商实力雄厚。仅以东南亚为例，世界华商500强约1/3分布在东盟各国，东南亚华人上市公司占股票市场上市公司的70%，海外华商资本占亚洲（除日本、韩国、中国外）10个股票市场总市值的66%。遍布全球的6000万海外华侨华人，特别是集中于"一带一路"主要方向的东南亚地区的海外华商，凭借其在当地政治、经济、文化等诸多领域的资源和影响力，必将是"一带一路"倡议实施的一股重要力量，促进更多的经济体理解并接受中国"一带一路"倡议合作共赢的理念。

依托"一带一路"倡议的多方参与、积极合作，海外华商以实业为根，通过国际化合作助力"一带一路"建设，可以在一定程度上突破海外华商企业经营领域、行业周期、经营范围、利润目标等传统限制，提高企业的新时代竞争力。例如，"一带一路"倡议已促使部分海外华商进行经济转型。一些海外华商以前主要是做生产、批发和零售，现在基础设施建设和政府工程方面引进了很多项目，很多海外华商也直接参与到项目的建设中。另外，过去海外华商最关心的是商品的价格，现在他们不仅注重价格，更注重拓宽产品市场、提高产品质量或性价比，着力于打响在国际上"中国制造"的品牌。

二、海外华商与资本参与"一带一路"金融服务合作的方式

目前，海外华商可从实业出发，助力中资金融机构全球服务合作和投资风险防控。未来，海外华商与资本与金融机构合作的领域，还可以涵盖农业、基建、供应链金融等多个方面。

（一）以实业为根

由于老一辈的海外华商大都是白手起家，因此在海外华商的企业文化中，投资发展实业是企业发展理念的核心。以东南亚国家为例，新加坡的物流、制造行业，马来西亚的钢铁、水泥行业，泰国的基础建设、纺织行业，印度尼西亚的农业、食品加工行业等，都是海外华商的优势领域，拥有大批对所在行业、所在国家具有较大影响力的优秀海外华商。依托强大的产业基础、先进的制造技术、优秀的专业人才，海外华商将有力推动"一带一路"沿线各国产业链的优化，带动关联产业协同发展，促进国内产

业转型升级，同时帮助沿线欠发达国家加速工业化进程。目前，我国正在全球50个国家建设118个经贸合作区，其中涉及"一带一路"国家的有77个，这些境外经贸合作区将成为"一带一路"建设的重要承接点，借助海外华商的力量，大大推进港口、产业园区等重要支点建设，通过基础设施建设提升仓储物流、交通运输能力。

（二）助力中资银行控风险

中资银行在境外已设立了超过200家一级分支机构，共有9家中资银行在"一带一路"沿线26个国家设立了62家一级分支机构，致力于为"一带一路"沿线中小企业提供融资及其他多种金融服务产品。2017年1月9日，《中国银监会关于规范银行业服务企业走出去 加强风险防控的指导意见》出台，要求银行业金融机构督促客户维护当地民众权益、尊重当地文化等，同时对存在潜在重大环境和社会风险的境外项目，应与客户事先约定，以适当方式及时披露项目名称、主要投资者和承包商名称等关键信息。海外华商与中资金融机构的合作，将成为风险防控措施最终落实的有效保障之一。

（三）以金融服务合作为抓手

海外华商与中国国内企业、金融机构一同合作，利用海外华商网络，搭建海外融资平台。海外华商应发挥自身雄厚的资本优势，为"一带一路"建设提供资金，同时为中国的金融机构对接沿线发展中国家能源、交通等基础设施建设的融资业务，摆脱以国家主权信用担保为主的传统项目投资观念，以纯商业模式组织并执行项目，获得长期、稳定的投资收益。由此产生的示范效应，将进一步吸引其他各路资金参与到"一带一路"建设项目中，配合"一带一路"倡议的实施。与此同时，海外华商在东盟金融行业占有重要位置，在中国也有大量投资，可发挥海外华商资金融通的管道作用，更广泛地使用人民币，更好地为区域发展和金融稳定服务，从而加快构建亚洲区域性金融中心，更多地提供以人民币计价的高质量的金融资产，满足国际贸易结算的需求。

(四) 开创农业与金融联动的"新农业"时代

农业交流和农产品贸易自古以来就是丝绸之路的主要合作内容，借古丝绸之路，促进了"一带一路"沿线国家间农业技术和产品的传播交流，不断发扬光大。新时期，农业发展仍然是"一带一路"沿线国家国民经济发展的重要基础，沿线大部分国家对解决饥饿和贫困问题、保障粮食安全与营养的愿望强烈，开展农业合作是"一带一路"沿线国家的共同诉求。在后金融危机时代，各国更加注重全球农业资源的整合利用和农产品市场的深度开发，对开展农业国际合作的诉求也更加强烈，为"一带一路"建设中的农业合作提供了难得的历史机遇。农业国际合作成为沿线国家共建利益共同体和命运共同体的最佳结合点之一。

海外华商应致力于拓展农业投资合作，发挥沿线国家的农业比较优势，充分利用相关国际金融机构合作机制与渠道，加大农业基础设施和生产、加工、储运、流通等全产业链环节投资，提升沿线国家的企业跨国合作水平。

鼓励建设多元稳定的"一带一路"农产品贸易渠道，发展农产品跨境电子商务，优化农产品贸易合作。加强"一带一路"沿线国家农产品检验检疫合作交流，共建安全、高效、便捷的进出境农产品检验检疫监管措施和农产品质量安全追溯系统。共同规范市场行为，提高沿线国家动植物安全卫生水平。

(五) 基建与金融联动，为"一带一路"建设提供支持与保障

基础设施建设是"一带一路"中互联互通的基础，有助于推动中国与沿线各国的交流与沟通，推动利益融合，促进政治互信，达成互利共赢的新局面，但"一带一路"建设所涉及的基础设施、能源合作、产能装备等不仅需要大量资金，而且建设周期长、资金缺口较大、项目利润率较低，导致基础设施建设的需求远远大于供给，使普通的商业金融并不愿意参与

其中。

因此,应强化金融行业支持"一带一路"建设的整体制度设计,构建多层次金融支持体系。迫切需要构建集商业银行、政策性银行、保险资金、基金投资、证券资金,以及民间各类型资金为一体的多级投资平台。只有改变金融资源整合不到位、金融机构之间单兵作战的现状,才能通过整合资源,发挥优势,形成支持"一带一路"建设的立体资金结构。此外,建议拓宽直接融资渠道,提高服务"一带一路"倡议的能力。鼓励优秀企业在A股市场发行上市和再融资,保障"一带一路"重点项目的资金需求;充分利用境内、境外两个市场,支持境内企业在境外市场筹集资金投资"一带一路"建设,包括发行H股、D股等。创新债券品种,积极推动企业发行"一带一路"项目债,启动境外公司在沪深交易所发行人民币债券(俗称"熊猫公司债")试点。

在这方面,要充分挖掘并依托海外华商和资本的优势,广大海外华商既心系祖国,又通晓所在国的政治、经济、社会、法律等方面的情况。要充分积极发挥海外华商的作用,结合海外华商自身业务发展需要,因地制宜地制定企业转型升级规划,主动对接所在国发展战略和产业规划,积极参与所在国经济结构调整和产业结构的布局,使其更好地参与到"一带一路"倡议及所在国出台的与"一带一路"倡议相关的战略项目中,以实现共商、共建、共享、多方共赢的目的。

(六) 供应链金融助力"一带一路"发展

供应链金融模式下的产融结合对于建设"一带一路"新生态具有重要意义。供应链金融实现了供应链发展中资产端和资金端的协同,并解决了金融和产业发展信息不对称问题,打通了产业链和金融链。

"一带一路"提出要实现"五通",即政策沟通、设施联通、贸易畅通、资金融通、民心相通,基本实现人流、物流、信息流、资金流的高效协同,形成跨境供应链新通路,服务于中国新时代供给侧结构性改革,满足人民对美好生活的新要求,同时解决沿线国家经济发展中的问题,造福沿线国家,打造人类命运共同体。沿线建设与供应链紧密联系,就是要建立跨境的供应链新通路。供应链和"一带一路"倡议是高度一致、一脉相承的。

在党的十九大报告中,习近平总书记提出建立现代供应链,打造经济新动能。2017年10月,《国务院办公厅关于积极推进供应链创新与应用的指导意见》提出努力构建全球供应链、积极稳妥地发展供应链金融等六项重点任务。2012年美国出台了全球供应链国家战略,在全球范围内发展供应链、产业链和价值链。中国产业体系完备,中小企业众多,互联网应用基础比较好,发展现代供应链具有得天独厚的条件,最有可能成为全球供应链的核心国家。

供应链将来的发展方向是数字供应链。供应链金融的发展方向是数字化、智慧化、智能化。供应链金融有一个基本要求:必须实现交易的可视化。如果交易不可视,供应链金融的风险控制问题就难以解决。

民间金融应该成为从事"一带一路"的互联网供应链金融的主要力量。互联网供应链金融是利用互联网技术,对供应链提供间接融资,并通过大数据、云计算控制风险的金融业务。与传统的供应链金融相比,互联网供应链金融更注重通过电子商务平台的搭建,创建供应链或将成熟的供应链引入电子商务平台,并且在风险控制上,强调大数据、云计算,不关注仓单、存货或应收、预收款抵押。

根据海关总署公布的统计数据,2014年中国在进出口增速仅为2.3%的情况下,对"一带一路"沿线国家或地区出口增幅超过10%,与沿线国家或地区的进出口双边贸易额接近7万亿元人民币,占同期外贸进出口总值的1/4左右。从这个角度看,"一带一路"与老百姓生活息息相关。应鼓励民间搭建"一带一路"跨境电子商务平台,通过多边关税免税,使"一带一路"沿线国家老百姓更便利地购买"一带一路"各国特产,同时鼓励民间从事"一带一路"的互联网供应链金融与"一带一路"跨境电子商务平台紧密结合,使民间资金也能参与"一带一路"建设。

海外华商高度关注"一带一路"建设的历史机遇,很多海外华商企业已经参与到"一带一路"基础设施建设中并取得了良好成果。例如,正大集团、金光集团等作为海外华侨实体企业的典型代表，已经积极响应并投身到"一带一路"建设中。

案例一

正大集团案例

正大集团是由泰籍华人创立，以农牧食品、商业零售、电信三大事业为核心，同时涉足金融、地产、制药、机械加工等十多个行业领域的多元化跨国集团公司，也是中国改革开放后第一家在华投资的海外华商企业。目前，正大集团已成为在华投资规模最大、投资项目最多的外商投资企业之一。

目前，正大集团已经参与到"一带一路"框架下中泰高铁的基础设施建设项目中。泰国政府非常看好"一带一路"倡议，泰国总理巴育表示，泰国"东部经济走廊"（EEC）战略同中国国家主席习近平提出的"一带一路"倡议高度契合，这也是泰国加强同中国基础设施互联互通的重要原因。2018年泰国基建投资力度激增，2017年基建项目预算共880亿泰铢，而2018年泰国交通部规定用于发展国家基础设施、拓展交通运输网络的投资预算达到3092亿泰铢，包括陆路1522亿泰铢、铁道962亿泰铢、水路73亿泰铢以及航空535亿泰铢，基础设施发展空间仍然较大；2019年泰国大选后，已开工的基建项目总价值约为9502亿泰铢，其中6840亿泰铢（占72%）为"东部经济走廊"地区的项目，体现出泰国政府对该地区发展的重视。

2017年泰国基建项目预算共880亿泰铢，到2018年基建投资力度便增加近1倍，达1750亿泰铢，并在五年内预计完成拨付8020亿泰铢（总预算为16700亿泰铢）。

泰国"东部经济走廊"位于21世纪海上丝绸之路之间，地处泰国湾东岸，是泰国传统的工业基地、海运物流中心和旅游目的地，具有特殊的地缘优势和发展空间。"东部经济走廊"重点发展的基础设施项目中就包括建设中泰曼谷—罗勇高铁线路。中泰高铁是两国共建"一带一路"、开展合作的旗舰项目，也有助于推动"东部经济走廊"发展与"一带一路"倡议

"一带一路"金融服务简述

对接。

目前,正大集团已经参与到"一带一路"框架下中泰高铁的建设项目中。项目筹划建设一条从曼谷经旅游胜地芭提雅,到罗勇府的高铁项目。这条高铁全长220公里轨道线,将大部分使用中国的技术和设备,目前设计的最快时速为每小时250公里,其间共设置15个站台,将把曼谷地区的三个机场——廊曼国际机场、苏凡纳布米国际机场与乌塔保国际机场连接起来。

泰国内阁于2018年3月批准的连接三个机场的高铁项目,是泰国内阁在批准中泰铁路合作项目一期后的第二条高铁项目。根据泰国国家铁路集团与正大集团控股联合竞标方最终敲定达成的项目投资合约条款,正大集团控股领投的竞标方将出资1172.26亿泰铢,泰国国家铁路集团则承担另外的1496.50亿泰铢投资额,即整个项目总投资额合计达到2600亿泰铢,领投的正大集团所占份额最大,达到了70%。2019年5月13日,泰国"东部经济走廊"政策委员会决议通过泰国正大联合体(CP)中标"三大机场高铁项目"。泰国工业部部长指出,整个项目的总体经济效应超过7000亿泰铢(折合人民币约1470亿元)。

泰国"东部经济走廊"与中国"一带一路"发展理念和目标高度契合,是一种对接关系。泰国交通部发布的消息显示,"东部经济走廊"168个项目的投资总额约9889.4亿泰铢。项目共分为三期:

第一期为2017—2018年,投资额约2174.1亿泰铢,包括航空维修中心,乌塔堡国际机场,连接廊曼、素万那普和乌塔堡机场的曼谷—罗勇段高速铁路项目(EEC高铁项目被视为"东部经济走廊"的重中之重),廉差邦港口第三期,玛达普港口第三期项目等。

第二期为2019—2021年,投资额约4143.6亿泰铢,完善第一期的交通网络,包括复线铁路、航空运输、乌塔堡机场第一期及自贸区。

第三期从2022年开始,投资额为3571.7亿泰铢,包括"东部经济走廊"与越南、老挝、柬埔寨、缅甸等邻国的互联互通项目,如"东部经济走廊"与缅甸土瓦港、柬埔寨的铁路网络。

通过高铁可以把沿线的基础设施连接起来，与中国企业共同投资建设包括高铁、飞机场、码头、工业区、新城市等在内的一揽子项目，使其成为"一带一路"在东南亚国家的组成部分，能起到"一带一路"项目的示范带头作用，以便在其他国家和地区借鉴推广。曼谷—罗勇高铁项目总投资金额高达47亿美元。为了保障该项目的落实，正大集团联合了多方资本参与到该项目的投资中。为推动相关事业与"一带一路"对接，正大集团还专门成立了"一带一路事业部"。

除了给人们的出行带来便利和实惠，中泰铁路的建设还在区域经济、国际关系方面具有重要意义。中泰铁路泰国境内沿线主要在泰国东北地区，这一地区是泰国面积最大、最落后的地区，中泰铁路的开工建设被认为给泰国东北内陆地区脱贫和经济发展带来希望。泰国交通部部长表示，中泰铁路是一条"扶贫铁路"，可以带动泰国东北内陆地区的经济发展。未来中泰高铁将有力改善泰国及东盟内陆地区铁路基础设施落后的现状，实现东盟内陆地区与泛亚和欧亚铁路的贯通，助力包括泰国在内的东盟内陆地区的经济发展。

中泰高铁合作项目是中泰两国长期以来友好交往的象征，项目建成后，人们的生活方式将会改变，沿线的酒店、租车、餐饮等相关行业都将随之发展，给沿线地区带来繁荣。随着近年来高铁合作项目的推进，泰国工程师不仅与中方人员进行了技术交流，还建立了友谊。高铁项目除了促进硬件上的互联互通，还推动了两国人员交流。

中国作为泰国的友好邻邦，以中泰高铁合作项目为新的起点，以未来EEC对接"一带一路"倡议作为新的合作平台，有助于持续推进两国互利共赢的务实合作，推动中泰全面战略合作伙伴关系取得更大发展，给两国人民带来更多福祉。

中泰高铁的建设以及未来EEC对接"一带一路"倡议合作的新平台，将有效提升泰国的基础设施建设和互联互通水平，促进泰国经济可持续发展，带动地区发展繁荣和民生改善，也有助于促进沿线国家的经贸交流和人员往来，实现互利多赢，同时对构建中国与东盟间安全、通畅的铁路运输网络也将发挥重要作用。

案例二

金光集团案例

国内首单"一带一路"资产支持专项计划产品——"国金—金光一带一路资产支持专项计划"2018年3月2日获上海证券交易所审议通过,并于2018年5月25日成功发行。该专项计划由金光纸业(中国)投资有限公司(以下简称金光纸业)作为发行人,国金证券股份有限公司(以下简称国金证券)担任计划管理人及主承销商,发行总规模为55亿元,涉及19家投资者。在多家金融机构的助力下,本次"一带一路"资产支持专项计划实现了超募发行。其中,优先档49.50亿元,占90%,期限2年,按季度付息,到期还本,AAA评级;次级档5.5亿元,占10%,期限2年,无评级,该项目优先档票面利率最终为6.8%。

海关统计数据显示,2017年我国木浆、纸品进出口总值为206.3亿美元。随着国内经济持续平稳运行,浆纸产品的需求也在逐年攀升。与此同时,供给侧结构性改革和环保政策的实施,使传统造纸企业高能耗、高污染的运营方式无法顺应中国经济绿色环保的发展潮流。只有依托国内初步构建的多层次金融服务体系,借助多元化的金融支持和服务,浆纸企业才能通过更宽广的融资渠道,加快调整造纸产能周期,优化产业结构,完成产业升级,提质增效。

在此背景下,金光纸业积极响应国家"一带一路"倡议,与国金证券合作发行资产证券化产品。作为国内首单"一带一路"资产支持专项计划产品,"国金—金光一带一路资产支持专项计划"的基础资产为分布于"一带一路"国内辐射区的金光纸业子公司——纸品加工厂的来料加工应收账款。应收账款债务人从"一带一路"沿线国家等采购原材料、辅料和包装物料等,由纸品加工厂代工后,销售至"一带一路"沿线国家。由于基础资产的交易对手方为境外客户,涉及的客户遍布多个国家和地区,填补了ABS的境外供应链空白。值得一提的是,"国金—金光一带一路资产支持专项计划"基础资产以美元及人民币计价，发行币种为人民币，实现了双币种计价与发行，这是国内市场的重要突破。募集资金用途方面，资产支持专项计划的募集用途包括但不限于江苏省如东县"一带一路"科技产业基地暨高档生活用纸项目、围绕"一带一路"沿线国家的主营业务等。该项目是江苏落实国家"一带一路"倡议和建设江苏沿海经济带的具体行动。

金光集团的投资范围遍及印度尼西亚、中国等国家，是"一带一路"倡议的坚定拥护者和积极实践者，先后引进中国企业在印度尼西亚建厂、助力中国企业进入印度尼西亚市场等。目前，金光纸业拥有20多家全资或控股浆纸企业并拥有近20家林业公司，总资产约1726亿元，其主营业务包含"一带一路"沿线国家的进出口贸易，仅下属子公司金东纸业（江苏）就向埃及、土耳其、印度、马来西亚等42个"一带一路"沿线国家出口产品。

从行业整体来看，造纸企业应收账款规模较大，占用较多流动资金，周转率处于较低水平。然而，受行业内部竞争及日益提高的环保要求的驱使，生产技术设备和环保设备投入不断提升，小型企业不断被淘汰，大型企业则长期面临巨大的资金压力。应收账款资产证券化有利于金光纸业提高资产质量和流动性，也有利于向"一带一路"沿线国家进口原料和在"一带一路"辐射区扩大生产、扩建厂房、升级设备，深度挖掘"一带一路"沿线各国的资源禀赋，利用其劳动力和自然资源等优势，实现资源互补，改变了传统小规模造纸企业环境"侵略"式的生产方式，这也是金光纸业一直以来倡导的"林浆纸一体化"产业模式，通过打造一条可循环的绿色造纸产业链，最大限度地降低造纸行业对自然资源的影响，通过规模效应反哺生态环境。

本次首单"一带一路"资产支持专项计划产品的成功发行，是对金光纸业与金融机构围绕"一带一路"重点建设项目开展合作的认可。金光纸业紧跟国家政策步伐，与国金证券紧密合作发行资产证券化产品，深入挖掘"一带一路"沿线国家的资源禀赋，利用其劳动力和自然资源等优势，实现资源互补，增加彼此之间合作的深度和广度。金光纸业从"一带一路"

"一带一路"金融服务简述

沿线国家进口原材料、辅料和包装物料等，运输至国内纸品加工厂进行深加工，促进了我国经济的转型升级。金融服务对于资本聚集再分配、资源合理配置至关重要，借助金融资本的优势，传统企业可以摆脱行业周期性限制，提高自身资本流动性，全方位、多元化的金融服务和产品为推进传统企业走国际化道路提供了有力支撑，二者相互渗透、相互融合的合作模式是"一带一路"建设中必不可少的。

第三节 外资金融机构和金融市场参与"一带一路"的优势与实践

"一带一路"的建设，无疑需要沿线国家和世界其他国家与中国共同努力，而外资金融机构与金融市场作为世界金融体系重要的组成力量，不仅有天然的巨大优势，也应该承担一定的建设责任，并将从中受益。

一、外资金融机构在"一带一路"沿线国家的优势

"一带一路"倡议离不开国际金融机构与中国的政策性银行和商业银行、出口信用保险机构之间的紧密合作、求同存异、共谋发展。外资银行的积极参与是对"一带一路"建设在资金融通方面的重要补充，其在网点分布、大型项目资金融通、完善管理和制度方面具有不可或缺的独特优势。

（一）网点优势

外资银行可充分发挥其境外主场优势，为中资企业客户在"一带一路"沿线建立战略贸易合作关系提供便捷。比如，老牌英资银行在"一带一路"沿线国家多设有分支机构，已长期通过贸易和走廊为当地客户提供金融支持，并深耕当地市场100余年，因而对当地客户的发展历史和市场环境具备充分的把握，可为进军当地市场的中资客户提供更有针对性的建议，包括帮助其了解当地客户（尤其是私营客户）的战略性需求及对外合作模式

的特点、在当地市场的定位和竞争力、当地政府给予的支持力度及其未来发展的潜力。这些信息将更有效地帮助中资企业在市场开拓过程中识别风险和选择可持续发展的战略合作伙伴，有效弥补中资银行境外网点的不足。

(二) 项目金融服务优势

外资银行与世界银行、非洲开发银行、欧洲复兴开发银行等多家参与"一带一路"沿线国家建设的多边机构以及当地的商业银行建立了长期的战略性合作关系。在开拓海外融资渠道方面，可充分发挥其与各类金融机构已建立的良好合作关系优势，引入多元资金降低外汇风险，解决项目当地货币融资和现金管理等需求，为更多"一带一路"项目拓展资金池和提供增值服务，弥补中资银行在海外资产和货币兑换方面能力的匮乏。在挖掘海外融资机会方面，外资银行可通过其当地金融合作伙伴掌握第一手项目信息，并与中资金融和保险机构实现资源对接，帮助其开拓尚未具备专业性的行业市场。在资产管理方面，外资银行可与国际基金公司合作，设计专注于投资"一带一路"的产品（包括"一带一路"的资产证券化），打通国内外渠道，协助全球的个人及机构投资者（包括能够提供长期融资的保险或养老基金）参与"一带一路"建设。另外，在实施海外融资业务方面，外资银行可调动其全球出口信贷协调行的丰富经验和网络优势，获取来自其他多边机构的资金支持和风险（包括政治风险和商业风险）担保。凭着与全球所有主要的经济合作和发展组织以及出口信用机构紧密合作的经历，外资银行对于非约束性出口信贷融资（Untied ECA Financing）有更成熟的操作模式。比如，外资银行可为"一带一路"项目引进非中资出口信贷机构，包括韩国贸易保险公社（K-sure）和日本贸易保险公社（NEXI），这两家出口信用保险机构的承保条件在特定项目上并非必须与其所在国的项目承包商或业主绑定，而是可以从整个项目未来可产生的经济影响性考虑，若与国家战略利益相符，则愿意提供同等程度的支持。因此，在"一带一路"项目上，外资银行的灵活经验可吸引更多海外出口信贷机构的参与，并创造更为便利的融资条件。

渣打银行是 2017 年世界银行最大的协调行,其为"一带一路"提供的金融服务如表 3-1 所示。

表 3-1　　　　　渣打银行为"一带一路"提供的金融服务

金融服务类型	
项目融资	渣打银行先对"一带一路"基建项目的性质进行界定,看其是政府财政支持的,还是纯商业化运作的项目。前者通过寻找多边金融机构以及政策性银行提供项目融资;后者评估其中长期运作风险以及可持续的商业营利性,再决定寻找私营企业募资
项目风险管理	很多基建项目的投资周期长达数十年,规避政策风险与经济风险是重要问题。渣打银行通过在项目交易结构设计方面作出有前瞻性的预估,并提供金融解决方案,帮助其化解风险
商业可行性服务	渣打银行在项目设计初期就考虑商业可行性,确保投资项目在长期内都可以创造比较稳健的现金流
金融服务方案	
人才支持	为满足中国企业在"一带一路"建设中的各种需求,渣打银行在不少相关国家设立了中国企业海外服务处,由专职人员向中国企业提供金融服务
业务协调	渣打银行东盟及南亚地区分支机构高管与中国企业团队做了面对面沟通,实地了解中国企业对"一带一路"业务拓展的实际需求,提供更有针对性的金融服务

此外,渣打银行大量参与中资"一带一路"金融建设项目。通过渣打银行的协调,中资机构(包括中信保、政策性银行和商业银行)与"一带一路"沿线金融机构在多个地区和产业开创了第一单合作。仅在 2016 年,渣打银行就参与了与"一带一路"相关的 40 多个项目。其参与过的部分交易项目如表 3-2 所示。

表 3-2　　　　　　　渣打银行参与的部分交易项目

年份	项目	贡献
2013	印度一项筹资 5 亿英镑的火电项目	渣打银行成功地设计和安排了融资,并提供 10 年期有限追索权贷款,也是有史以来国家开发银行和中国进出口银行在信保下参与的最大金额和最长期限的融资
2015	中企承包的孟加拉锡拉杰甘杰的发电厂项目	渣打银行是唯一的安排行、融资结构组织行以及出口信用承保协调行、文件管理行、抵押物代理行、授信额度代理行
2016	全球最长期限的独立发电站（IPP）项目融资,总金额超过 30 亿美元	渣打银行牵头该项目融资,开启了丝路基金、哈电集团和迪拜水利电力署首次在"一带一路"上的合作
2017	中信保与印度工业信贷投资银行项目	渣打银行牵头其首单合作
2017	中国寰球工程有限公司担任总承包的斯里兰卡科基建融资项目	渣打银行作为安排行、融资结构组织行和代理行,成功为斯里兰卡 Laugfs Terminal 公司提供由中信保承保的买方信贷
2018	中英签署《国家开发银行与渣打银行 100 亿人民币"一带一路"项目授信贷款备忘录》	渣打银行作为英国参与方"一带一路"合作代表

此外,渣打银行承诺在 2020 年末之前为"一带一路"倡议相关项目提供总价值至少 200 亿美元的融资支持。截至 2017 年末,渣打银行已经参与超过 50 笔"一带一路"相关交易,价值总额超过 100 亿美元。

以上数据充分证明,外资银行通过其在海外市场长期积累的经营经验和客户网络,将事半功倍地推动国际金融机构的协作,在"一带一路"项目上实现互利共赢。

(三) 管理和制度优势

境外监管当局在银行业离岸业务、流动性与合规性、反洗钱方面的政策较为严格,而且海外经营形势复杂,"一带一路"复杂的地缘、政治、经济因素难免成为制约海外业务发展的重要原因之一。外资银行凭借其卓越的国际业务水平以及成熟的监管体系,可在"一带一路"风险管理上提供完整的解决方案。

地缘因素使中资企业和金融机构容易陷入劣势。"一带一路"涉及的国家众多,文化差异较大,使商业经济及金融服务发展充满不确定性。例如,当地的民族、宗教政策在一定程度上会制约中资企业和金融机构在其中的布局与发力,部分"一带一路"沿线国家也经常被卷入大国纷争,而又易受发达国家文化、经济的影响,中国企业在当地发展常常受阻。但是,通过与外资银行展开区域合作,外资银行对当地监管政策、法律法规的深刻理解,以及完善的风险管理体制和内部控制可起到关键性的作用,增加中方识别、监测、防范并化解风险的能力,最终使推进"一带一路"的前景变得更为明朗。作为私营资本提供方,外资银行在管理和制度上具备以下优势。

第一,可靠、透明、持之以恒的监管机制。外资银行的网点布置遵循统一的集团设计标准,并须严格遵循各国监管部门的审批文件要求和流程。许多国家始终将提高外资银行监管有效性作为首要任务,为了防范外资银行在联通内外及本地发展中面临的风险和实现保护本国存款人利益的目标,会与主要国家的监管当局持续合作加强跨境业务的监管,加大对违规业务的处罚力度。外资银行的经营规范不仅需要满足中国监管部门的要求,还需要满足母国监管机构的监管标准。这使外资银行的风险合规意识明显增强,而且许多外资银行的风控都是直接由区域总部(如大中华区)来负责,所以外资银行的资产质量一般较好,不良率和不良贷款余额规模总体较低。2008年国际金融危机后,随着巴塞尔协议Ⅲ的实施,在母国监管机构的要求下,外资银行普遍进行了增资,加之较为审慎的经营模式,外资银行的资本充足率一直维持在较高水平,拨备覆盖率稳中有升,长期发展将更为稳健,发展的能力也将更强。在经营理念方面,很多外资银行都是有百年以上历史的银行,是经历过很多次金融危机考验的幸存者。主导这类机构的经营理念不是短期的利益,而是长期稳健发展。以一组数据说明:截至2017年末,在上海的外资银行资产总额1.56万亿元,同比增长13.0%,增速创2012年以来新高;上海外资银行资产占上海银行业资产的比重达10%以上,2017年末达10.6%,为2015年以来最高。同时,资产质量继续保持稳定,不良贷款实现"双降",截至2017年末,不良贷款率为0.34%,创2012年以来新低。在当下中国监管推动去杠杆的政策环境下,外资银行的风险管理模式更起到了借鉴作用,中资银行在海外发展的进程中,可以外资银行的指标作为参考,管理其资本充足率、流动性覆盖率、净稳定融资比例、贷款损失拨备、杠杆率等水平,并形成高效、稳健的经营作风以平稳应对去杠杆过程中的风险冲击。值得强调的是,在环境及社会评估方面,包括渣打银行在内的大多数外资银行均遵循由世界银行制定的"赤道原则"。该准则要求金融机构在向一个项目投资时,要对该项目可能造成的环境和社会影响进行综合评估,对项目融资中的环境和社会问题尽到审慎性核查义务。外资银行实施的此项严谨透明的管理制度可促进"一带一路"项目在环境保护以及周围社会和谐发展方面发挥积极作用。

第二,健全、独立的合同争议解决机制。外资银行针对"走出去"项目中资客户涉及的法律实务问题有独到的理解和丰富的解决经验。比如,在项目融资领域,外资银行在很多情况下愿意充当项目业主融资顾问,对商务合同和抵押文件中涉及的行业法规、环境法例和税收的变更,及其法律的可执行性会进行充分的研判,衡量契约双方商务关系的公平性,排查特许经营协议条款的风险点和优化合同结构,以确保东道国政府或业主事后违约的倾向和能力受到有力的约束。长期积累的融资顾问经验使外资银行能为"走出去"的中资企业提供最关键的信息,包括项目成功执行所需获得的政府批复许可、所需完成的当地资质认证、面对不可抗力和突发政治事件所需的安全保障机制等。通过详尽的项目风险尽职调查,外资银行可帮助中资客户及时发现并弥补结构上的漏洞,共同制定防范措施来降低宏观及微观的风险。

第三,风险与收益平衡的定价结构。外资银行在项目融资上的强项还包括确保融资结构实现足够的平衡：既优化业主的股本回报率，又满足贷款人的偿还和抵押要求。为了使贷款人对项目的接受程度最大化，外资银行在完成项目风险评估后会完善供应、建筑、承购等合同的格式和抵押方案，通过制定财务模型、圈定项目现金流来确定项目估值，必要时获取政策及私营信用保险机构的支持，将风险最小化，驱动贷款人提供有竞争力的报价，从而降低业主的融资成本，实现项目利润最大化。在融资阶段，外资银行可以担任协调行，解决债权人之间的问题并提供对冲工具，提高项目融资统筹和执行的效率。总体而言，外资银行在项目融资结构的搭建和执行过程中通常方式较为灵活，对项目的风险把控相对全面，并能尽早针对结构上的漏洞采取措施，通过其出口信贷、发展性金融机构的综合协调能力和国际资本债务市场的分销能力，提供信用增级措施和补充流动性；经过多种融资模式的比对和分析后，选取对企业而言比较可行和回报率较高的融资方案。

展望未来，中国经济在新形势下进一步改革开放，外资银行在充分发挥境外网络、大型项目融资和管理风控制度等比较优势的同时，应进一步探索和践行创新、协调、开放、绿色、共享五大发展理念，提升服务实体经济的能力，进一步协助中国自主技术的发展，并支持"一带一路"项目金融服务。

二、外资银行积极响应"一带一路"倡议的实例

中国银行业全面开放以来，国内经济金融环境发生了巨大变化，经济金融改革深化，人民币国际化进程推进，企业"走出去"步伐加快。在此背景下，外资银行在华发展也进入了新的阶段，服务重点从满足跨国公司在华投资企业的金融需求，逐渐转向发挥国际网络优势，为"走出去"的中资企业提供综合金融服务。

同时，随着中国银行业对外开放在过去 40 年不断扩大深化，外资银行在华机构数量和服务规模显著增加。银监会数据显示，截至 2017 年末，外资银行营业性机构共 1013 家，与 2002 年的 180 家机构相比实现了 13% 的年

复合增长率。总资产从 2002 年的 3000 亿元增长到了 3.1 万亿元，年复合增长率超过了 15%。2017 年，在华外资银行累计实现净利润相当于 2002 年的 10 倍。在业务不断发展的同时，在华外资银行也能够较好地管控风险、合规经营，各项监管指标保持良好。外资银行带来了先进的管理理念、管理技术和创新金融产品，促进了中国银行业的市场竞争和创新发展，为中国银行业提高服务实体经济的能力发挥了积极作用。

面对经济全球化的新形势，外资银行顺势而为，充分利用自身的跨国资源和优势，参与到"一带一路"建设中，并采取了相关措施，更好地服务于中国企业客户的需求。

（一）渣打银行

2013 年以来，渣打银行约 85% 的收入来自亚洲市场、非洲市场和中东市场，其 67% 的全球网点与"一带一路"沿线国家高度重合，大多数网点机构在当地运营时间超过 100 年，能够为中资企业进入当地市场提供高效的一站式金融服务。同时，渣打银行在"一带一路"沿线国家的网点设立了专门服务中国企业的团队，其中有会说中文、经验丰富的专职人员在当地为中国企业提供服务。其参与过的许多服务"一带一路"的项目，前文已有详细介绍。

（二）ING 银行

支持"一带一路"倡议是 ING 银行中国区未来的战略重心之一。ING 银行是一个积极响应"一带一路"倡议的银行，并且致力于推行"一带一路"沿线国家的金融解决方案以服务客户。ING 银行在"一带一路"涉及的国家有 25 个，包括荷兰、德国、波兰、俄罗斯、土耳其、意大利、波兰、罗马尼亚、印度、印度尼西亚、菲律宾、新加坡、泰国、越南、哈萨克斯坦和蒙古国等。当中国企业在这些国家投资运营时，ING 银行能提供帮助。

ING 银行可以为"一带一路"提供的具体服务如表 3-3 所示。

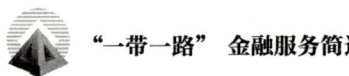

表 3-3　　　　ING 银行可以为"一带一路"提供的具体服务

服务类型	具体内容	案例介绍
贸易服务及担保	提供信贷额度用于开立投标、履约等多种保函；为应收账款、供应商付款及流动资金提供融资	大型国有建筑公司，如中国交通建设股份有限公司、中国铁建股份有限公司、中国机械设备工程公司、中国中车等
并购财务顾问及并购融资	为公司提供财务顾问服务，支持公司完成目标资产收购，并提供并购相关的融资安排	ING 银行为中国一家大型企业集团收购位于南欧的水处理公司提供融资
结构性及项目融资	安排长期贷款、PPP 项目融资、出口信贷、结构性融资等	ING 银行独家牵头为中国大型海洋运输集团安排长期船租合同融资
债券资本市场服务	承担全球协调人和联合账簿管理人角色，服务于中资企业或银行在海外发行债券	ING 银行已为华为、中国石化、中国银行、工商银行、国家开发银行和中国进出口银行等成功发行海外债券
资本结构顾问	就资本结构的风险控制和资金最大化使用提供一揽子解决方案	ING 银行一直与多家企业合作，其业务范围涉及包括 PPP 项目在内的"一带一路"项目，加强资本和债务结构
现金管理	为公司减少涉及"一带一路"项目的货币转换和相关成本	多家超大型的中资企业一直在使用 ING 银行的现金管理系统，包括用于其涉及"一带一路"沿线项目的资金管理

自"一带一路"施行以来，ING 银行也配合、协助中国企业完成了许多重要项目，主要案例如表 3-4 所示。

表 3-4　　　　　　　　　　主要案例

合作公司	"一带一路"项目	ING 银行的主要贡献
中远航运港口有限公司	中远航运港口有限公司专注于海上丝绸之路沿线的新兴市场和战略要点的业务拓展	ING 银行的结构性融资部帮助中远收购欧洲著名码头 Euromax Teminal Rotterdam 35% 的股权提供 5 年期的长期融资

续表

合作公司	"一带一路"项目	ING 银行的主要贡献
招商局能源运输股份有限公司	2016 年 3 月，招商局能源运输股份有限公司与 Vale 在巴西签署长期合同，向中国运送约 1600 万吨铁矿石	ING 银行担任唯一牵头行，为其与招商能源旗下的、与 Vale 长期合同有关的 5 家大型矿石货运商提供融资
招商局集团	2016 年 9 月，招商局集团以 14 亿欧元的价格收购西班牙废物处理子公司 Urbaser	ING 银行西班牙分行参与了此次海外收购的融资
中国铁建股份有限公司	中国铁建股份有限公司在沿线国家拥有 111 个正在进行的建设项目，总价值超过 151.1 亿美元	ING 银行给中国铁建股份有限公司在这些国家的经营或者投资活动提供授信和融资安排
中国中车	中国中车增加对所有"一带一路"国家的投资和出口	ING 银行为中国中车的这些投资和出口提供授信，开立保函或者融资
中国机械设备工程股份有限公司（CMEC）	CMEC 是最大的机械进口商和出口商、发电承包商，也在增加对"一带一路"项目的投资	ING 银行已经设立授信额度，用于开立保函或者提供融资安排
中国国家电网公司	国家电网公司在海外的投资超过 100 亿美元，资产遍及全球，包括菲律宾、澳大利亚、葡萄牙、意大利、中国香港、巴西	ING 银行向国家电网公司海外投资部门（国网国际发展有限公司，SGID）和国家电网公司海外融资部门提供融资服务，以支持其融资需求，包括 Belo Monte 项目和巴西 CPFL Energia 收购项目

（三）汇丰银行、花旗银行、摩根大通银行

汇丰银行在亚洲、非洲、拉丁美洲和中东地区约 20 个主要国家和地区设立了"中国企业海外服务部"，为拓展海外市场的中资企业提供本地支持；同时，在亚太区及中国区建立了多层次、多角度的专业团队及工作组，以便重点支持"一带一路"相关业务，例如建立了特别关注中资企业海外

基建投资的"基建项目工作组""丝路基金亚投行工作组"等。

花旗银行在"一带一路"沿线的 58 个国家为客户提供金融服务。同时，为配合中资企业"走出去"的步伐，自 2009 年起，花旗中国便在中资企业重点投资区域设立"中国企业海外服务处"。花旗银行目前有 11 个中国企业海外服务处。

摩根大通银行在"一带一路"沿线国家的 29 个设有网点，为"走出去"的中资企业提供并购顾问、股权融资、债权融资、现金管理、贸易融资和外汇风险管理等一站式综合金融解决方案。该行熟悉当地的法律、文化和经济政策、监管制度等，可以为中国企业在"一带一路"沿线国家的发展提供支持。

第四节　国际组织参与"一带一路"的意义和成果

"一带一路"倡议提出以来，除各个国家和地区广泛参与以外，也得到了许多国际组织的广泛认同。"一带一路"倡议及其核心理念被纳入联合国、二十国集团、亚太经合组织、上合组织等重要国际机制成果文件。同时，联合国、世界银行、国际货币基金组织、国际金融公司等国际组织也积极响应并共同参与"一带一路"建设，为"一带一路"国家基础设施、资源开发、产业合作和金融合作等与互联互通有关的项目提供投融资支持。

截至 2018 年 8 月，已有 103 个国家和国际组织同中国签署 118 份"一带一路"方面的合作协议。"一带一路"被写入了联合国大会决议，中国也与许多联合国机构如联合国亚洲及太平洋经济社会委员会、联合国开发计划署、联合国儿童基金会、联合国人口基金、联合国贸易与发展会议分别签署了关于在"一带一路"倡议下加强合作的谅解备忘录或合作意向书。2017 年首届"一带一路"国际合作高峰论坛取得了 279 项国际合作成果。

金融合作方面，中国已与 26 个国家签署了《"一带一路"融资指导原则》，推动建设长期、稳定、可持续、风险可控的多元化融资体系。中国已有11家中资银行设立71家一级机构,与非洲开发银行、泛美开发银行、欧洲复兴开发银行等多边开发银行开展联合融资合作。中国财政部与世界银行、亚洲基础设施投资银行、新开发银行等六家多边开发银行共同签署了《关于加强在"一带一路"倡议下相关区域合作的谅解备忘录》,以期为"一带一路"构建稳定、多元、可持续的融资机制。世界银行前行长金镛表示,"一带一路"将促进贸易、基础设施、资金和人文融通,不仅是跨境融通,也是跨大洲的融通。

一、与国际组织合作的必要性

与国际组织共建是"一带一路"国际合作的新思路和新路径。习近平主席在北京出席"一带一路"国际合作高峰论坛多次强调:"'一带一路'建设不是另起炉灶、推倒重来,而是实现战略对接、优势互补。"世界经济增长需要新动力,发展需要更加普惠平衡,贫富差距鸿沟有待消除。地区热点持续动荡,恐怖主义蔓延肆虐。和平赤字、发展赤字、治理赤字,是摆在全人类面前的严峻挑战。这些问题需要世界人民协作面对。近年来,"一带一路"同有关国家的协调政策对接,包括俄罗斯提出的欧亚经济联盟、东盟提出的互联互通总体规划、哈萨克斯坦提出的"光明之路"、土耳其提出的"中间走廊"、蒙古国提出的"发展之路"、越南提出的"两廊一圈"、英国提出的"英格兰北方经济中心"、波兰提出的"琥珀之路"等。中国同老挝、柬埔寨、缅甸、匈牙利等国的规划对接工作也全面展开。截至2017年5月,中国同40多个国家和国际组织签署了合作协议,同30多个国家开展机制化产能合作,同60多个国家和国际组织共同发出推进"一带一路"贸易畅通合作倡议。各方通过政策对接,实现了"1+1>2"的效果。

与国际组织合作,有利于"一带一路"赢得全球范围内更普遍的支持和信任。中国与国际组织的合作包括多种类型:与联合国、世界银行、亚投行等重要多边组织的合作、与联合国附属机构和专门机构的合作、与沿线地区和跨地区国际组织的合作,以及与沿线国家的战略对接和合作。与重要多边组织合作无疑有利于"一带一路"的整体推进和普遍支持。与专业的机构如联合国儿童基金会、人口基金、贸易与发展会议、人居署合作有助于具体开展和落实各个领域方面的工作。与沿线各国家的战略对接和合作不仅是贯彻"一带一路"政策沟通的宗旨，也有助于消除沿线国家不必要的疑虑，真正共同努力推行"一带一路"，共同达到目标。

联合国的特点是普遍性、代表性和权威性。"一带一路"目前参与的60多个国家，占联合国会员国的1/3。要获得其他2/3会员国的认可、支持和参与，与联合国合作是一条捷径。联合国大会已经专门通过关于"一带一路"的决议和声明，呼吁加强区域合作，为"一带一路"建设提供安全保障环境。这无疑将有利于"一带一路"的整体推进。此外，中国在联合国框架下积极推动"一带一路"的多边化、国际化和机制化，特别是主动与联合国2030年可持续发展议程的目标和工作进行对接，本身也有助于赢得联合国成员的信任与支持，一同合作实现"一带一路"的初心与目标。

与专业性国际组织的全面合作，可为"一带一路"提供专业指导，使"一带一路"的辐射范围和影响力显著提升。中国与联合国附属机构和专门机构的合作有助于将"一带一路"倡议落实到具体领域，且具有合作的专业性。中国与联合国开发计划署、儿童基金会、人口基金、贸易与发展会议、人居署、亚洲及太平洋经济社会委员会等组织签署谅解备忘录或合作意向协议等，有助于中国与联合国附属机构以及专业机构在特定领域携手共建、扩大合作空间，实现工作目标和计划的对接。在金融方面，与国际重要金融组织的合作有助于帮助"一带一路"沿线国家和地区加强专业能力建设，改善宏观经济政策与金融环境。

2017年5月，习近平主席在首届"一带一路"国际合作高峰论坛开幕式上宣布，中国将与国际货币基金组织联合成立能力建设中心。经过一年的准备，2018年4月，中国—国际货币基金组织联合能力建设中心启动仪式在北京举行，中国人民银行行长易纲与国际货币基金组织时任总裁拉加德共同出席。联合能力建设中心的正式启动，旨在推动"一带一路"沿线国家和地区能力建设，助力"一带一路"倡议，将为包括中国在内的"一带一路"沿线国家和地区提供各类培训课程,支持沿线国家和地区的能力建设,促进交流与互鉴。

国际货币基金组织时任总裁拉加德出席"一带一路"国际合作高峰论坛时发言指出,建设"一带一路"也存在一定的挑战,如洗钱风险、恐怖主义融资等,因此她建议金融科技服务提供方、金融监管者、中央银行以及全球机构通力合作,来保证金融系统的安全性和包容性;国际货币基金组织过去几十年的经验也能够帮助推动这一进程,为核心地区提供政策建议和技术支持,包括债务可持续性、宏观审慎政策,以及在压力时期管理资金流的波动性。

显然,中国与国际货币基金组织、世界银行等专业性金融机构在"一带一路"上一同加强金融服务合作,不仅有助于调动国际金融资金,提升中国资本和信贷投资的专业性,也有助于消除一些国家的疑虑,从而获得更为普遍的信任。

金融服务合作可以为"一带一路"提供金融、资源等支持,促进"一带一路"的安全保障、可持续,提升影响力。"一带一路"倡议基于全球共同繁荣的理念,将推动亚非欧三大洲和其他地区的和平以及可持续发展,是联合国全球性的战略。但是,"一带一路"沿线国家和地区基础设施建设累计投资缺口巨大,想要推动其发展,达到共赢的目标,只靠中国政府、中国资本的力量是远远不够的,不仅需要外资银行等金融机构提供金融服务,也需要全球大量外资资本的合作、多边金融机构的配合与支持。中国主导设立的亚投行、丝路基金等组织以及中资银行等金融机构,一直致力于为"一带一路"提供金融资本与服务支持。推动"一带一路"沿线发展中国家的建设和发展也是世界银行、国际货币基金组织的目标,与其合作也有助于为"一带一路"提供重要国际多边组织的金融支持,有助于促进"一带一路"更有效地推行,使其更加可持续化,更加具有实际的影响与意义。

重要国际组织的参与有助于防范"一带一路"风险,促进"一带一路"的安全保障与可持续。"一带一路"沿线国家和地区的政治、经济等各种形势非常复杂，风险十分突出。中国金融机构和实体企业在提供沿线金融服务、开展项目投资建设时将面临政治、安全、经济、金融、市场、法律、合规、项目、声誉等多重风险的交织和叠加，这些风险很多时候无法仅靠投资参与方中国解决。与沿线国家和地区的战略、政策进行对接，保持政策的良好沟通，民心相通，有助于"一带一路"建设中风险的缓释。联合国、国际货币基金组织、世界银行等重要而被广泛认可的国际多边组织也可以为"一带一路"国家和地区间的政策协作沟通、项目协调提供帮助和技术支持，保障基础设施建设项目的有效实施，以及各层面的协调合作。在政策协调方面，重要的多边国际组织有多年的丰富经验，能避免某些特定类型风险给"一带一路"倡议带来的过大阻力。

二、国际组织参与"一带一路"现状

（一）联合国

联合国高度支持中国的"一带一路"倡议。2016年11月，中国的"一带一路"倡议被首次写入联合国大会决议，且决议得到了193个会员国的一致赞同。联合国机构的有关决议或文件早已多次纳入或体现了"一带一路"的内容。

2016年4月，中国与联合国亚洲及太平洋经济社会委员会签署意向书，双方将共同规划推进互联互通和"一带一路"的具体行动，推动沿线各国政策对接和务实合作。

2016年9月，中国与联合国开发计划署签署关于共同推进"一带一路"建设的谅解备忘录。这是中国政府与国际组织签署的第一份共建"一带一路"的谅解备忘录，是国际组织参与"一带一路"建设的一大创新。

2017年3月，联合国安理会一致通过关于阿富汗问题的第2344号决议，首次载入"构建人类命运共同体"理念，呼吁国际社会通过"一带一路"建设等加强区域经济合作，敦促各方为"一带一路"建设提供安全的环境，加强发展政策战略对接，推进互联互通与务实合作。

此外，中国商务部也已经同联合国儿童基金会、联合国人口基金、联合国贸易与发展会议分别签署了关于在"一带一路"倡议下加强合作的谅解备忘录，目的在于促进沿线国家和地区妇女儿童、人口、卫生事业的进步，帮助其他发展中国家落实联合国2030年可持续发展议程。

在联合国内，不仅各类机构以多种形式高度认可并有意愿共同建设"一带一路"，不少官员也对这一倡议给予了高度评价。联合国负责经济发展的助理秘书长伦尼·蒙铁尔在接受新华社记者专访时说，"一带一路"倡议基于全球共同繁荣的理念，必将推动亚非欧三大洲和其他地区的和平以及可持续发展。

"一带一路"能得到联合国大力支持的一个最为重要的原因是，这一倡议同联合国当前工作及未来发展方向高度契合，与联合国会员国的共同利益高度契合。由于"一带一路"沿线国家和地区覆盖全球超过60%的人口，以及全球1/3以上的GDP和贸易，中国的这一倡议不仅能够与联合国提出的2030年可持续发展议程实现对接，还将为推动这一议程提供巨大动力。

2030年可持续发展议程是联合国全体会员国于2015年9月共同达成的一项成果文件，包括17项可持续发展目标和169项具体目标，其重点是消除贫困和饥饿，促进经济增长；全面推进社会进步，维护公平正义；加强生态文明建设，促进可持续发展。各国承诺努力使议程到2030年得到全面执行。

中国常驻联合国代表指出，"一带一路"倡议与可持续发展目标宗旨一致、理念相通、路径相同，推进"一带一路"倡议及早期收获已为落实可持续发展目标作出重要贡献。

联合国负责经济发展的助理秘书长伦尼·蒙铁尔指出，联合国2030年可持续发展议程是迄今为止最雄心勃勃以及最具变革性的发展规划，"一带一路"倡议则是实现联合国可持续发展目标的"重要促成器和催化剂"。他说，"一带一路"倡议将极大地促进参与国家的基础设施开发、投资及贸易流动，其带动的投资和经济增长"将创造成千上万体面的工作机会，并使成千上万人摆脱贫困"。

(二) 世界银行

世界银行致力于协助"一带一路"沿线国家和地区的发展,目前已进行许多基础设施、贸易、电力和连通性专案计划,承诺资金额达868亿美元。其中,仅交通一项,世界银行即承诺投入240亿美元,2016年已支付12亿美元,投资项目包括阿富汗跨兴都库什山公路、哈萨克东西公路、巴基斯坦卡拉奇港口、乌兹别克帕普—安格连铁路,这些项目有益于加强"一带一路"沿线的联通性。同时,世界银行旗下的国际金融公司与丝路基金和中国共同在巴基斯坦开发水利,以及与中国进出口银行、中投公司等机构合作开展基础设施建设,并通过全球短期融资专案支持贸易,贸易额约129亿美元。此外,世界银行旗下的多边投资担保机构也提供10亿美元的担保,促进了"一带一路"沿线18亿美元的投资。

信贷融资方面,世界银行与亚投行、丝路基金、中国政策性银行合作投资"一带一路"。世界银行中的主要贷款机构为国际复兴开发银行(IBRD)和国际开发协会(IDA)。2016财年,世界银行向成员国和私营企业提供贷款、赠款、股权投资和担保共642亿美元,"一带一路"相关地区占60%左右。其中,IBRD对能源和采矿,交通,供水、卫生设施和防洪三者的融资占世界银行融资的一半左右,与"一带一路"推进产业联系密切。行业分布方面,IBRD融资主要在于公共管理、法律和司法,能源和采矿,交通,供水、卫生设施和防洪,与"一带一路"相关的设施联通主要为后三者,占世界银行资金供给的近一半。从现有案例来看,亚投行、丝路基金以及政策性银行对"一带一路"沿线的投资很大部分为与世界银行合作投资。

(三) 国际货币基金组织

国际货币基金组织是根据1944年7月在布雷顿森林会议签订的《国际货币基金协定》,于1945年12月27日在华盛顿成立的,其总部设在华盛顿。它与世界银行同时成立,并列为世界两大金融机构之一,其职责是监察货币汇率和各国贸易情况,提供技术和资金协助,确保全球金融制度运作正常。自"一带一路"倡议提出以来，国际货币基金组织高级官员多次表示高度认同，并提出过许多相关的建议，提倡协同合作。

2017年5月14日，"一带一路"国际合作高峰论坛在北京开幕。国际货币基金组织时任总裁拉加德于同日下午出席了由中国人民银行和财政部举办的分论坛，题为"'一带一路'倡议：强化金融互联"。拉加德针对建设"一带一路"提出了三大政策优先领域：首先，要更加努力地吸引对于高质量基建的外商直接投资（FDI）。其次，加强金融包容性。最后，借助金融科技（FinTech）的力量。

另外，她表示，"国际货币基金组织过去几十年的经验也能够帮助推动这一进程，为核心地区提供政策建议和技术支持，包括债务可持续性、宏观审慎政策，以及在压力时期管理资金流的波动性"。拉加德特别提出，更强的金融一体化和金融互联性需要全球更强的国家合作，尤其是"一带一路"沿线国家；通过协同合作，将有机会强化金融互联互通，将亚洲国家等打造成更繁荣的经济体。

国际货币基金组织发言人盖瑞莱斯也曾公开表示："'一带一路'是一个非常重要的项目，我们（IMF）认为它可以促进贸易、投资、金融领域的区域合作，在基础设施、国家之间的互联互通以及贸易和发展方面也将作出非常重要的贡献。"

"一带一路"
金融服务简述

第四章

"一带一路"建设中的金融风险与应对

"一带一路"建设涉及沿线国家60多个,一些国家的经济基础较薄弱,宗教信仰等社会因素盘根错节,地缘政治关系错综复杂。部分亚非小国对外深陷大国博弈的战场,对内面临领导人交接、民主政治转型、民族冲突等多重矛盾,国内外局势的不稳定给国际投资带来了极大的不确定性。

此外,国际投资者在"一带一路"沿线的项目很多集中在基础设施领域,项目周期长,前期投入巨大。金融机构提供沿线金融服务将面临政治、安全、经济、金融、市场、法律、合规、项目、声誉等多重风险的交织和叠加,这些都极大地考验着各国政府部门、监管部门和参与"一带一路"金融机构的风险管理能力。针对这些风险,金融机构、监管部门、政府部门等都需要探索有效的应对策略与措施。

第一节 "一带一路"建设中的金融风险和挑战

金融风险存在于金融机构服务支持"一带一路"建设的全过程,从金融风险控制角度看,"一带一路"建设中需要重点关注两方面因素对金融机构及其服务对象带来的风险:一是对当地国家和地区的信息了解不全面,包括沿线国家政治、经济、文化、宗教、法律等各方面信息;二是社会外部性因素的负面影响,包括大国及周边国家政策、外交、贸易、金融市场等方面带来的负面影响。随着"一带一路"建设的深化,前期信贷投放进入风险暴露期,一些风险识别不充分、风险评估不审慎、风险监测和控制不到位的项目将逐步暴露风险,风险缓释、化解和处置也将是金融机构面临的重要挑战。从风险特征来看,"一带一路"金融服务主要面临下列重点风险。

一、政治和安全风险

"一带一路"贯穿亚洲、欧洲和非洲,沿线国家[①]民族结构复杂,文化呈多样性,一半以上国家的穆斯林人口超过50%。部分地区恐怖活动频繁,武装冲突频发。地缘政治复杂,传统上多为殖民地或附属国,部分欠发达国家政局动荡,易发生政权变更、政治内乱等风险(见图4-1)。还有一些国家存在政治壁垒,对中资企业业务进行层层审核,限制其发展。因此,安全、政治、社会及营商环境风险成为"一带一路"金融服务最大的不确定性,对中资银行提出了较高的国别风险管理要求。

"一带一路"覆盖多个文明交会地区,民族结构复杂,文化呈多样性,各国在政治格局、经济体制和社会民生等问题上矛盾突出。不同民族有着各自固有的价值观、文化观和处事原则,不同民族与宗教利益诉求存在的差异呈现突发性、多样性、复杂化、长期化的特点。如印度尼西亚有300

---

① 以下分析中除特殊说明外,相关信息和数据均不含中国。

多个民族，菲律宾有90多个民族，缅甸有42个民族。还有一些民族跨国分布，民族间矛盾引发国内甚至邻国间的动荡和冲突。众多且复杂的宗教流派、分支，以及各宗教流派之间较强的排他性，是"一带一路"建设中一个难以量化评估的因素。

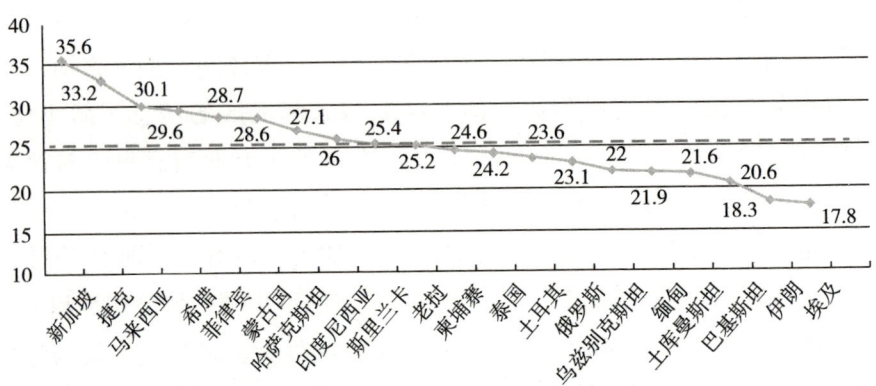

注：数值越大，风险越低。
资料来源：《中国海外投资国家风险评级报告（2017）》。

图 4-1　部分沿线国家政治风险指数

"一带一路"沿线国家有的处于政治转型期、民主改造期或局势动荡期，国家政权稳定性差，部分国家政局不稳，政策风险较高。有的国家国内不同势力对峙严重，政局走势也存在较强的不确定性，导致各利益集团之间的斗争加剧，政治体系中的结构性和制度性问题日益凸显。政治斗争导致政府对待外资的态度经常随政权更迭而发生根本性变化。政府或迫于执政压力调整经济政策，临时颁布外汇管制措施，限制外国投资者合法利益转出；或出于政治考虑，叫停已经签订合同和开工的外资项目；或暂停偿还债务，出现选择性主权违约。这些都将导致投资方和融资方损失严重。

部分"一带一路"沿线地区恐怖活动多发高发，部分国家争端不断，"一带一路"建设面临较大安全问题。自1970年以来，沿线区域恐怖袭击事件占全球总量的61.7%，主要集中在中东北非及南亚地区，大部分与极端宗教主义相关。

一、案例一

中国铝业收购南戈壁部分股权

（一）项目概况

南戈壁资源有限公司（以下简称南戈壁）注册于加拿大，在蒙古国接近中国边境的位置拥有煤炭资源，主要业务是对公司煤田进行勘探和开发，并向中国供应煤炭产品。2012年4月4日，中国铝业拟出资不超过10亿美元，向艾芬豪矿业等股东收购其持有的不超过60%但不低于56%的南戈壁普通股，以推进公司煤铝业务整合。

4月17日，蒙古国矿产资源局宣布，出于国家安全的考虑，暂停南戈壁附属公司拥有的若干许可证的勘探及开采活动，中国铝业的收购计划受阻。7月3日，中国铝业发布公告，要约收购延期30天。8月2日，该要约收购再度延期一个月至9月4日，但收购事宜仍无法获得有效进展，中国铝业最终只能放弃。

（二）失败原因分析

经公开信息分析，收购失败主要原因是蒙古国政府的反对。2012年5月17日，收购要约发出一个多月后，蒙古国政府出台的政策影响到本次交易。蒙古国大呼拉尔通过《关于外国投资战略领域协调法》，矿产资源被确定为具有战略性意义的领域，外国投资者及其利益相关方和第三方签订股份买卖或转让协议，需通过在蒙古国注册企业向蒙古国政府提出申请。外资参股超过49%，需政府提交国家大呼拉尔讨论决定。蒙古国对外关系部官员称，上述法律的通过并非针对中国公司收购案，但事实是蒙古国政府对境内资源的控制日益加强，部分中资企业的并购受到影响。

（三）经验教训

部分国家矿业政策多变，特别是针对中国企业并购存在疑虑，导致中资企业海外并购受阻。建议中国企业在开展海外投资并购时，构建较为完备的海外投资并购操作机制，认真研究相关法律法规及政策，加强对东道国的风险量化评估。同时，聘请外部专家，科学、理性地分析海外并购标的的具体情况，避免无效或低效投资。

二、主权和债务风险

主权风险主要是指一个国家的主权政府不能或不愿履行其债务的风险。国际金融机构购买主权债券或提供主权贷款时，将会面临主权风险。"一带一路"沿线国家的经济发展水平和市场发育程度参差不齐，一些国家经济欠发达，政府债务负担较重，财政赤字问题突出，且大规模经济建设导致负债率和杠杆率大幅攀升，财务可持续性较差，缺乏信用违约互换（CDS）等可参考的市场数据，违约风险较高，客观上要求国际金融机构具备较强的主权风险识别和研判能力。

"一带一路"沿线国家整体经济基础较为薄弱。部分国家经济增长较快，但整体经济基础较为薄弱，存在下行风险。2017年，包括中国在内的沿线65个国家经济总量约24万亿美元，占全球经济总量的30.25%；经济增长5.4%，高于全球3.1%的平均水平，也高于新兴经济体4.5%的增长水平。剔除中国数据，沿线64个国家经济平均增长4.3%，其中，东亚、东南亚及南亚地区尤为突出，增速超过6%。[①]

从经济总量上看，"一带一路"沿线国家多为发展中国家，经济基础普遍薄弱。"一带一路"沿线国家人均GDP为6488美元，较全球人均GDP少406美元，且70%的国家人均GDP在1万美元以下。按照联合国分类标准，仅有新加坡、捷克等11个国家为发达国家。按照世界银行标准[②]，只有15个国家为高收入国家，其他大多数为中低收入国家。

从经济结构上看，多数国家经济结构单一，脆弱性和波动性较高，易受外部冲击。经济的脆弱性主要表现在：一是部分国家的出口依赖少数资源型初级产品。"一带一路"沿线64个国家中，有13个国家为资源出口型经济体（出口占GDP比重超过20%，且能源或矿产出口比重超过30%）。如西亚国家经济严重依赖石油、天然气资源，易受国际市场影响，且在地缘政治风险

---

① "一带一路"沿线国家经济增长水平参照世界计算方法，以不变的2010年美元GDP为权重计算，其余对比数据均来自世界银行发布的《全球经济展望》。
② 人均国民收入超过1.3万美元。

叠加下，经济受外部冲击的概率高、影响大；蒙古国经济体量小，高度依赖矿产出口，出口依存度高达44%（详见表4-1），加上其国际融资渠道有限，一度几乎出现主权违约。二是部分国家对单一国家的贸易依存度高。如中亚及欧洲部分国家对俄罗斯贸易依存度较高，能源价格下跌对俄罗斯产生的负面影响迅速向这些国家传导扩散，加大了经济下行风险。三是部分国家处于经济发展初期，主要依赖农业和初级工业品。如柬埔寨、老挝、缅甸等国家经济基础薄弱，近年来国内环境不稳，经济波动风险相对较高。

表4-1　"一带一路"沿线国家外贸依存度较高的情况

地区	国家名称	国家类型	GDP（亿美元）	外贸依存度（进出口/GDP,%)	出口依存度（出口/GDP,%)	能源出口/GDP（%）	矿产出口/GDP（%）
西亚	阿拉伯联合酋长国	能源出口依赖型	3487	141	76	27	18
	科威特	能源出口依赖型	1109	71	42	36	0
	阿曼	能源出口型	663	69	35	25	2
	卡塔尔	能源出口型	1525	59	38	33	1
	伊拉克	能源出口型	1715	53	26	25	0
	阿塞拜疆	能源出口型	379	52	29	25	1
	沙特阿拉伯	能源出口型	6464	47	27	19	1
中亚	土库曼斯坦	能源出口型	362	50	30	26	0
	哈萨克斯坦	能源出口型	1373	45	27	16	4
	吉尔吉斯斯坦	矿产出口型	66	80	22	1	10
东亚	蒙古国	矿产出口依赖型	112	74	44	11	28
东欧	俄罗斯	能源出口型	12832	36	22	12	2
东南亚	文莱	能源出口依赖型	114	71	44	41	0

资料来源：Wind资讯。

部分国家财政赤字率较高，公共负债空间有限，掣肘财政政策效力。2008年国际金融危机后，为刺激经济，部分国家采取扩张性财政政策和宽松的货币政策，导致财政赤字和政府债务快速上升。2017年，沿线国家平

"一带一路" 金融服务简述

均财政赤字率为3.29%，高于国际警戒线①。个别国家尤为突出，如阿富汗、阿曼和尼泊尔财政赤字率均高于10%，财政政策操作空间较小。沿线国家平均公共债务率为46%②，尚有一定的负债空间；但公共债务增速明显，截至2016年末，沿线国家各级政府总债务规模已达4.9万亿美元，较2008年末增长54.7%。

外债负债率攀升，加大偿债风险。面对外需不足、大宗商品价格下跌、美元加息进程加快等外部环境，沿线国家存量外债总额增长较快。与2008年末水平相比，2017年沿线国家外债总额占GDP比重从34.5%升至38.46%，经常项目平衡占GDP比重从2.2%降到0.2%，一升一降意味着外债偿付能力不断恶化。除此之外，沿线51个国家外债负债率（外债/GDP）超过20%的国际警戒线，33个国家超过50%，11个国家超过100%，其中蒙古国最高，为246%。部分国家缺乏持续从国际金融市场渠道融资的能力，违约风险较高。按照IMF 2018年5月发布的70个低收入国家债务可持续性评价结论，沿线13个国家存在债务问题，其中阿富汗、老挝、马尔代夫和塔吉克斯坦面临高债务风险。

有限的财力和负债能力限制了沿线国家的经济发展。经济状况良好的国家通常基于经济实力和还款能力确定资金需求和借款规模；经济实力较差的国家资金需求迫切，不顾长期借贷平衡不断举债，导致市场上更多的资金需求者是高风险客户，带来的潜在风险非常高，甚至引发主权违约事件。

"一带一路"沿线国家主权风险较高，国家主权评级普遍处于中高风险区间。数据显示，自1800年以来，全球共发生过211次主权违约事件（涉及81个国家），其中"一带一路"沿线共有23个国家榜上有名，如土耳其

---

① 3.29%为2011—2017年平均值。国际上通常将财政赤字占GDP的3%、公共债务占GDP的60%作为警戒线。

② 数据来源：《"一带一路"沿线国家主权信用风险展望（2017）》，中国经济出版社，46%为2011—2016年平均值。

5次,印度尼西亚4次,最近出现违约的是乌克兰①。当债务高企,财政不可持续时,偿债意愿必然下降,主权违约也不可避免。

外部评级结果显示,沿线国家主权风险存在很大差异,整体风险水平较高,个体以中风险和高风险为主。其中,中信保对沿线国家主权的评级结果在BBB级及以下国家有50个,低风险国家(评级结果为AAA级、AA级和A级)有13个(见图4-2)。国际三大评级机构②与中信保的主权评级方法虽有不同,但结论基本一致。标普认为,沿线42个国家的国家主权风险的不确定性较高,偿债能力有限,甚至可能出现违约。

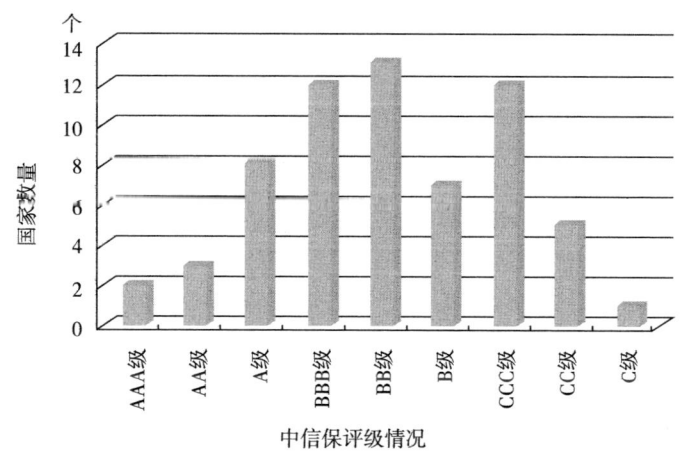

资料来源:中信保发布的2017年《全球投资风险分析报告》及路透社。

图4-2 2017年中信保对沿线国家评级情况

三、金融市场和汇率风险

商业银行在"一带一路"沿线国家的金融活动面临较为严峻的市场和信用环境。部分"走出去"企业对外部融资尤其是对银行贷款依赖性较强,导致企业债务风险较大,且"一带一路"沿线国家金融市场整体较为脆弱,

---

① 数据来源:Carmen Reinhart, Kenneth Rogoff. 这次不一样 [M]. 綦相,刘晓锋,刘丽娜,译. 北京:机械工业出版社,2012.

② 标普、穆迪、惠誉。

发展不均衡，风险差异较大，银行体系违约风险值得关注。

沿线国家金融市场差异大，银行体系风险较高，存在过度融资风险。由于缺乏多样化融资市场，"一带一路"沿线多数国家银行融资占比较高，融资成本与不良率高企，系统性风险较大。从融资成本看①，平均贷款利率超过15%的国家有2个，其中塔吉克斯坦达到30%；16个国家的贷款利率超过10%，尤其是中亚国家，贷款利率普遍较高。从不良贷款看②，东欧平均不良贷款率最高，达10.08%，其中乌克兰达54.54%，摩尔多瓦达18.38%，潜在的区域性风险不容忽视；南亚平均不良贷款率为8.66%，其中阿富汗达12.2%；中亚、东亚、北非地区的银行融资处于绝对主导地位，信贷股市比达到7.2倍，平均不良贷款率为5.7%（见表4-2）。从信贷投向看，越南、柬埔寨等国家信贷增长过快，且集中在房地产，存在资产泡沫。

表4-2　　　　　　　　沿线地区金融结构及风险情况

指标名称	东欧	南亚	中亚、东亚、北非	西亚	东南亚
金融结构	银行主导	均衡	银行绝对主导	银行主导	均衡
银行信贷/股权融资	2.84	1.47	7.21	2.26	1.29
不良贷款率	10.08%	8.66%	5.7%	3.5%	2.2%
其中：各地区不良贷款率排名前三的国家	乌克兰 54.54%	阿富汗 12.2%	哈萨克斯坦 9.31%	阿拉伯联合酋长国 6.44%	文莱 3.54%
	摩尔多瓦 18.38%	马尔代夫 10.45%	吉尔吉斯斯坦 7.37%	黎巴嫩 5.67%	泰国 3.07%
	阿尔巴尼亚 13.23%	印度 9.98%	埃及 7.20%	亚美尼亚 5.43%	印度尼西亚 2.59%

资料来源：Wind资讯。

---

① 平均贷款利率数据取自可获取的沿线42个国家2017年末数据。
② 不良贷款率数据取自可获取的沿线43个国家2017年末数据。

以银行为主的融资易导致多头授信，金融机构面临较高风险。由于部分"一带一路"沿线国家缺乏外部评级、信息披露不够以及国际金融机构思维惯性等原因，在此区域投资和建设的企业、项目难以充分利用多边开发金融机构和境外金融机构的资金。融资方式以间接融资为主且主要通过中资银行，在国际市场的融资较少，通过债券、证券、基金等直接融资也较少。中资银行按照所在国家风险限额或客户授信限额开展业务，多头授信导致部分国家或客户的举债规模远远超过其承受能力。如个别国家从多家中资银行举债，外汇储备对短期负债的覆盖率不足1/10。

多数"一带一路"沿线国家直接融资市场发展程度较低，区域金融发展不平衡制约了金融合作的深化。截至2016年末，"一带一路"沿线64个国家股票市场平均规模不足1000亿美元，远低于中国的7.3万亿美元。从发展程度看，仅有新加坡、马来西亚、泰国等9个国家超过中国，有46个国家处于落后水平（见表4-3）。

表4-3　　　　"一带一路"沿线国家金融市场发展情况

金融市场发展程度/指标	上市公司市值/GDP	国家数量（个）	上市公司数量（家）	上市公司市值（万亿美元）
较高	60%及以上	13（中国、印度、沙特阿拉伯等）	12313	11.64
中等	30%~60%	6（俄罗斯、印度尼西亚等）	1603	1.26
落后	30%以下	46（土耳其、埃及、伊朗等）	7068	0.74

资料来源：Wind资讯。

按地区看，东南亚股市市值占GDP比重平均为85%；中亚、东亚、北非股市市值占GDP比重为13%，其中经济体量较大的埃及仅为10%，区域间发展差距较大（见表4-4）。

表4-4　　　　"一带一路"沿线国家金融市场分区域对比情况

指标\地区	中亚、东亚、北非	东欧	西亚	南亚	东南亚
经济体量占比	4.89%	23.10%	27.53%	23.58%	20.90%
上市公司市值占GDP比重	13%	32%	43%	59%	85%
金融发展程度由低到高					
其中：各地区发展程度排名前三位国家	哈萨克斯坦30%	俄罗斯48%	卡塔尔102%	印度69%	新加坡216%
	蒙古国10%	克罗地亚39%	沙特阿拉伯69%	斯里兰卡23%	马来西亚121%
	埃及10%	波兰29%	以色列67%	尼泊尔22%	泰国106%

资料来源：Wind资讯。

多数"一带一路"沿线国家的金融基础设施薄弱，存在金融抑制现象。多数金融机构的规模和信用评级普遍较低，且各国金融机构利益诉求不同，受国家政策影响较大，独立性不足，使金融合作容易停留在协商对话、政策协议层面。经济发展不平衡导致的制度安排差异和汇率不稳定，是制约区域金融合作的重要因素。

"一带一路"沿线国家汇率风险较高，易受外部影响，波动性较大。部分"一带一路"沿线国家经常账户常年逆差，外汇储备不足，货币脆弱性高，加上政局不稳、社会动荡、汇率管理机制僵化等各种因素，近年来汇率波动剧烈，货币贬值幅度巨大。2012年以来，"一带一路"沿线国家货币存在不同程度的贬值，其中中亚、东亚、北非地区货币平均贬值幅度最大，达133.07%；西亚地区货币贬值幅度其次，达96.17%（见图4-3）。

一些难以支撑固定汇率的高估值货币，容易出现断崖式贬值。如乌兹别克斯坦在2017年宣布转为浮动汇率当日引发货币贬值近200%，当年累计贬值353%。埃及在2016年宣布货币一次性贬值60%，累计贬值192%（分区域汇率变动情况见图4-4至图4-7）。金融机构在业务开展中应重点关注采用软钉住固定汇率机制，但短期汇率钉住能力（短期外债/国际储备比）与长期汇率钉住能力（总外债/国际储备、经常项目/国际储备）较低的国家,如老挝、斯里兰卡等国,其汇率易发生突发性大幅贬值事件。

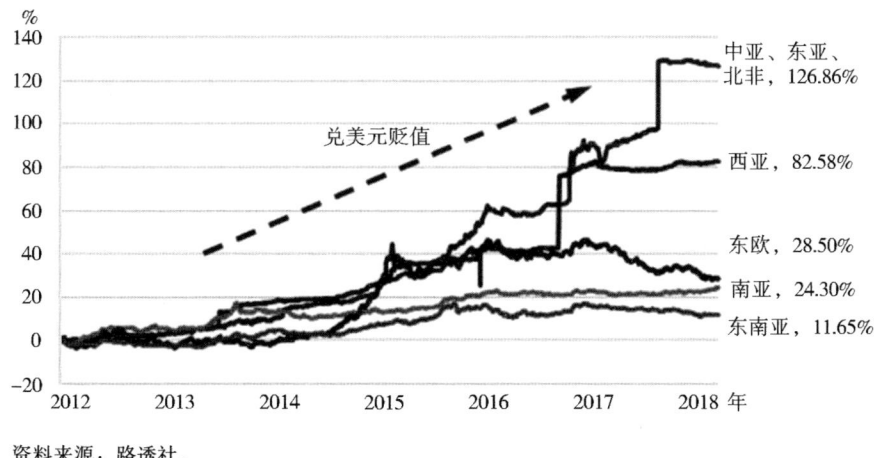

资料来源:路透社。

图 4-3 沿线区域汇率变动情况

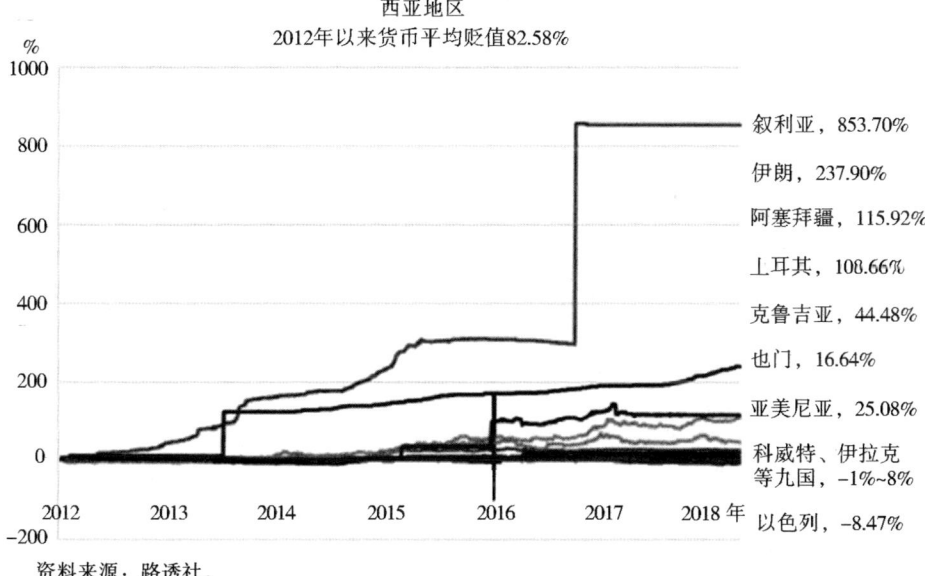

资料来源:路透社。

图 4-4 西亚地区汇率变化情况

"一带一路" 金融服务简述

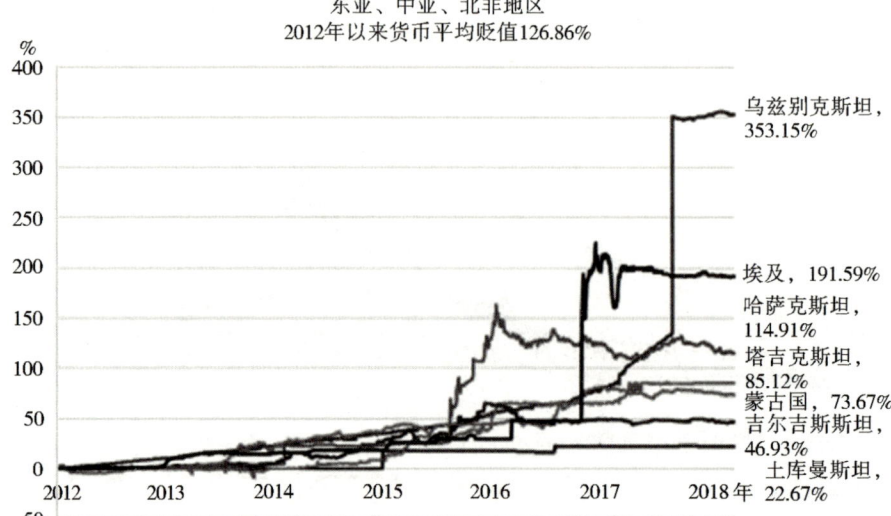

资料来源：路透社。

图 4-5 东亚、中亚、北非地区汇率变化情况

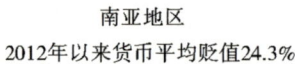

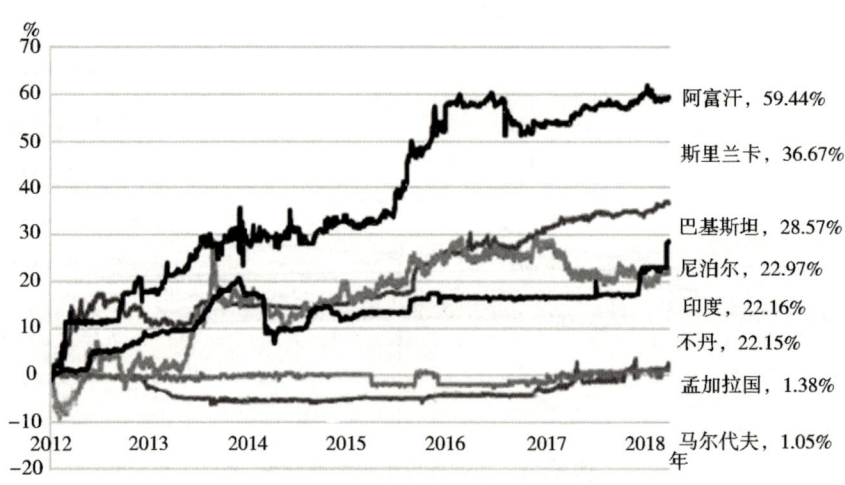

资料来源：路透社。

图 4-6 南亚地区汇率变化情况

资料来源：路透社。

图 4-7　东欧地区汇率变化情况

多数"一带一路"沿线国家贸易存在逆差，易出现贸易争端，资本流出压力大。2017年，"一带一路"沿线国家贸易有27个国家为贸易顺差，29个国家为贸易逆差。贸易逆差过高可能会引发部分国家的贸易保护主义情绪，造成贸易壁垒，使"一带一路"相关协议的落实阻力加大，各种隐形壁垒的客观存在使互联互通大打折扣，不利于区域内的贸易增长，也给境外投资和信贷资金回流带来不利影响。

美元回流导致新兴市场国家吸引外资和境外融资进一步承压。目前，全球外商直接投资（FDI）存量的近一半是在美外资及美国海外投资[①]。2017年，沿线外商直接投资（FDI）合计3514亿美元，较2016年减少6.9%，其中，23个国家同比下降，37个国家同比上升[②]。当前，美国税改、贸易保护以及美元持续加息等政策，给全球金融和贸易市场带来重要影响，美元回流可能导致柬埔寨、缅甸、菲律宾等国FDI增速变缓甚至下滑，导致

---

① 引自联合国贸易和发展组织发布的《全球投资趋势监测报告》。
② 根据Wind资讯数据整理。

马来西亚、土耳其、哈萨克斯坦等国 FDI 进一步下降。国际市场资金供给的减少使新兴经济体融资难度增加，融资成本上升，债务压力加大。

汇兑风险缺乏有效对冲手段和工具。一方面，采取固定汇率制的国家在拯救货币免于崩盘的过程中往往会消耗大量外汇储备，而外汇储备的消耗会削弱当事国的汇兑实力，并增加政府加强外汇管制的可能，导致投资者无法及时将利润汇回国内或收回投资；对于金融机构的贷款项目，由于项目收入与还款币种存在错配，无法及时换到相应货币，从而造成还款逾期，转化为信用风险。另一方面，对于脆弱经济体来说，货币贬值会进一步推高国内通货膨胀水平，加剧民众的不满情绪，进而增加中资因政治、社会局势不稳而遭受损失的可能。如中亚地区货币贬值导致通货膨胀率居高不下，进而引发"能源国家主义"风险与"中国威胁论"的升温。

"一带一路"沿线国家间的货币互换合作尚未大范围展开，缺乏有效的汇率风险对冲工具。从产品层面看，截至 2017 年 4 月，在芝加哥商品交易所、芝加哥商品交易所欧洲清算中心（CME Europe）等全球 7 家主要衍生品交易所中，以色列、俄罗斯、印度、波兰和匈牙利等国的汇率衍生品工具较多，对冲便捷度较高；土耳其、捷克、新加坡其次；其余 50 个国家的货币尚无相应的对冲工具。从国家层面看，截至 2019 年 7 月，中国人民银行已与 21 个 "一带一路" 沿线国家的货币当局签署货币互换协议，涉及金额 9802 亿元人民币①，其中新加坡、俄罗斯、马来西亚的协议规模达 1500 亿元（含）以上，汇率支撑较为稳固。

四、法律制度与合规风险

境外业务面临与境内截然不同的法律、合规和舆论环境，尤其是部分"一带一路"沿线国家法治水平落后，制度体系不完备，法律、合规和舆情风险与政治、经济、商业风险相互交织、叠加，会进一步放大风险等级。

---

① 截至 2019 年 7 月，中国人民银行与 38 个国家的货币当局签订了货币互换协议，其中 29 个国家协议仍有效，有效金额达 3.41 万亿元人民币。

金融机构必须清楚并适应服务环境,做到入乡随俗,避免触及红线。

(一)法律环境差异较大,体系复杂

从法律类别看,东欧、中亚国家多属大陆法系,南亚、东南亚多属英美法系,另有一部分国家属于伊斯兰法系。不同法系国家在法律分类、法律适用规则、审判模式等方面存在较大差别,跨国投资者时常面临法律信息不对称的风险。

(二)法律制度不完善,法治程度普遍偏低

受历史、地缘、政体、经济发展水平等因素影响,大多数"一带一路"沿线国家法律体系尚不完善,如中亚、南亚国家法律体系相对落后,有关投资、贸易的法律制度还不健全,仍有较大提升空间,如塔吉克斯坦、柬埔寨、孟加拉国等[①]。在全球治理指标(Worldwide Governance Indicator,WGI)法治指数[②]评价的63个国家中,新加坡得分最高,以1.82分列全球第11位;另有37个国家得分为负值,其中叙利亚、也门和伊拉克的得分最低,分别为-2.09分、-1.75分和-1.64分,排名均在全球200名以外;从均值上看,沿线国家法治指数平均得分为-0.2分,低于全球均值(0分),中亚5国均值为-1.058分,远低于其他区域的平均水平,仅有中东欧20国均值高于全球均值(见图4-8)。

---

① 郑之杰.“走出去”的法律问题与实践 [M].北京:法律出版社,2016.431.
② 从文献分析和现有数据的可得性来看,WGI覆盖213个国家和地区,被大量学者、政府机构等采用,具备长期性和权威性。其中一个指标"法律制度"(Rule of Law)以合同执行和司法体系的质量来测度一个国家的制度质量,进而衡量一个国家的法治水平,其最终取值在-2.5和2.5之间,数值越高,表示法治越良好。

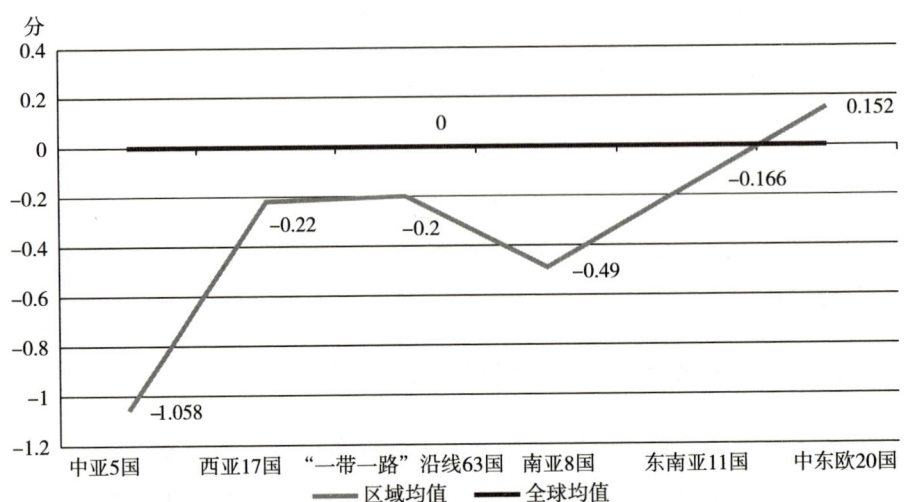

资料来源：世界银行网站。

图 4-8 沿线区域法治指数均值与全球均值的比较（2017 年）

（三）立法技术粗糙，修订频繁，稳定性不高

部分"一带一路"沿线国家在融资、财政、产业政策、国际贸易、劳工和环境保护等方面的规制不连续、不健全，法律法规之间存在内容冲突、相互矛盾的情况。如哈萨克斯坦对外国直接投资缺乏具体的法律，有时会以总统令或者内阁规定等相关文件为依据。印度尼西亚 2013 年和 2014 年连续出台限制外资进入相关行业的规定。俄罗斯将部分地区的区域性法律作为联邦法律的组成部分，造成个别地区适用时出现冲突。

（四）司法透明度和独立性偏低，执行效率不足

部分"一带一路"沿线国家司法透明度较差，国家行政、仲裁和协商等纠纷处理机制运行效率较低，执行外国判决、裁决困难。部分国家执法成本较高，缺乏合理的制衡机制，权力滥用的情况时有发生。如印度执法

平均时间高达 1420 天①。土库曼斯坦等 5 个国家未加入《纽约公约》，无法执行外国仲裁裁决。中亚部分国家，边境手续复杂，跨境贸易关税较高，个别国家甚至利用行政或法律手段限制外国投资者合法利益的转出。

（五）各国法律规则不一，潜在冲突较大

"一带一路"沿线国家国内法、国际私法、国际商法、国际公法相互交织，法律冲突难以避免。沿线国家的法律制度及法治水平存在较大差异，耦合难度相对较高，即使达成跨国法律协调机制，执行效果也往往不佳。目前，中国与沿线 56 个国家签订了《双边投资保护协定》，与 51 个国家签署了《避免双重征税协定》，但仅与 20 个国家签署了《司法互助协定》②。

（六）涉制裁风险较高，负面舆情管控难度大

当前，"美国优先"政策下的单边制裁愈演愈烈，沿线部分重点业务的反洗钱、涉制裁风险较高。2017 年以来，美国进一步强化对相关国家的制裁部署，出台《通过制裁打击美国敌人法案》，持续对俄罗斯和伊朗等国家施加压力。一些潜在合作对象均出现在美国的制裁名单中，国内昆仑银行、中兴通讯等企业也因涉及相关国家交易受到制裁或处罚。2014 年以来，7 家中资银行受到美国不同监管机构的调查，被处罚共计 2.2 亿美元③，凸显出中资金融机构反洗钱意识和管理能力的不足。2018 年，国际组织金融行动特别工作组（FATF）对中国进行了为期一年的评估，并于 2019 年 4 月公布了《中国反洗钱和反恐怖融资互评估报告》，提出了特定非金融行业反洗钱监管缺失、处罚力度不够、反洗钱意识普遍缺乏等问题。

（七）涉腐败问题引起各方关注

2009—2018 年，共有 108 家中资企业和个人因欺诈、贪腐等问题，出

---

① 郑之杰．"走出去"的法律问题与实践［M］．北京：法律出版社，2016：435．
② 郑之杰．"走出去"的法律问题与实践［M］．北京：法律出版社，2016：433．
③ 根据互联网公开信息整理。

现在世界银行和亚洲开发银行的黑名单上,并被禁止在处罚期内承接两行的资助项目;另有37家中资企业在其他处罚名单内,只能有条件地承接世界银行资助项目①。从"一带一路"沿线国家看,有63个国家(巴勒斯坦除外)被纳入全球清廉指数(Corruption Perceptions Index)2017年排名,其中40个国家的得分低于全球均值,7个国家排在后20名,部分国家有严重腐败问题②。

(八) 负面舆情易被放大

一些发达国家媒体对"一带一路"建设表现出焦虑和矛盾情绪,宣扬"一带一路"是"政治渗透、经济掠夺、文化输出",给"一带一路"建设造成负面影响,导致部分国家对"一带一路"倡议采取战略上重视、行动上迟缓的态度。另有研究表明,少数中资企业对外直接投资倾向于避开法律体系健全的国家,而选择法律制度不完善,投资环境不稳定,投资政策不透明、不连续的国家。重视经营与投资所在地政府和政要的关系,忽视所在地的人文、健康、环保等因素,容易带来声誉风险,且相关舆情被放大后危害严重。

五、项目风险

企业境外投资除了面临东道国政治安全、经济金融、法律合规等方面的风险,还要克服自身经营管理存在的问题及项目建设运营中的不确定因素,包括过度竞争、项目资金效益不确定、技术标准和环保要求面临压力等。这些不确定因素最终将转移或影响提供金融服务的机构。

---

① 根据道琼斯黑名单库整理。
② 根据"透明国际"2017年全球清廉指数整理得出,180个国家平均43分。

(一)"一带一路"建设面临国内外企业的竞争,优质项目存在过度竞争现象

中资企业参与"一带一路"建设,既有国内企业间的竞争,也有中外企业间的竞争。既有商业资金之间的竞争,也有商业资金与优惠贷款之间的竞争。中资企业特别是中小企业在海外投资中经常出现"一窝蜂"参与的情况,内部竞争激烈,甚至互相拆台,过度竞争导致后续项目收益及信用保障程度下降,也使外方业主的心理预期越来越高,习惯于接受优惠贷款,部分商业化项目竞争成了"政策性"项目,对国家及企业的形象和利益造成了损害。此外,日本和韩国在基础设施、电子工业方面,欧盟和美国在油气产业、信息技术方面,印度在农业和科技等方面都具备丰富的经验和强大的竞争力,国际竞争形势日趋激烈。

(二)不同于国内模式,海外基础设施建设项目投资收益的不确定性较大

基础设施建设是"一带一路"建设的重点领域,在境内主要依靠其作为公共产品的正外部性,带动周边土地和产业升值,增加整体收益。而这一效益在境外基础设施建设中却难以实现,即使有相关收益,受益方也主要为外方。同时,由于投资规模大、周期长,基础设施建设项目遭遇政治、经济、社会安全等不可预见风险事件的概率较高,而转移和规避这些风险的手段有限,容易对项目建设运营造成巨大冲击。有些项目建成后无法持续运营,成了"白象工程"。有的项目虽然已经中标,却因政策、环保、财务、劳工等因素无法建成。如劳工和原材料价格是决定海外基础设施建设项目成本的重要因素,但东道国相关法律政策可能会带来负面效应,引发风险。2009年某中资企业以低价竞标策略,成功中标某东欧国家的高速公路工程项目,希望利用中国劳动力和当地原材料价格优势控制成本,获取收益。但当地劳工法规定工程项目必须雇用本国人,迫使工期延长3个多月且在项目开工时当地原材料出现较大幅度上涨,最终造成项目亏损。又如,工程项目前期投入资金较多,一旦遭遇风险致使项目中断,会给承包

商带来巨大的固定资产和应收账款损失。

(三) 技术标准受到限制，环保意识不强，项目工程投资风险加大

当前，技术和行业标准主要掌握在发达国家手中，"一带一路"沿线国家特别是西亚、东欧地区的工程建设技术和设备要求多采用欧美标准，而中国材料、设备尚未获得广泛的国际认可，大幅增加了企业成本。如2010年沙特阿拉伯某铁路项目实施中途突然被政府要求采用欧美标准，极大地增加了该项目的建筑成本，导致投资失败。波兰A2高速公路项目因中资企业对施工的要求和标准认识不足，低价中标，最终因大面积拖欠分包商款项，工程停工，同时面对2.71亿美元赔款和3年禁入波兰市场的处罚。

(四) 一些企业在环保风险方面的规避和防范意识不足

中资企业海外投资的国家和行业分布特征使项目面临较高的环境风险。在国家层面，"一带一路"沿线国家多为发展中国家，部分国家生态环境的承受能力和自我修复能力较弱，若资源开采类项目不注重开发节奏，未采取相应的环保措施，很容易引发当地民众和环保组织的抗议。在行业层面，海外投资多集中在采矿业、制造业、电力等污染密集型行业，容易发生环评不达标或违反相关法律法规的情况，导致项目无法落地。

具体来说，企业面临环保风险主要有两个方面的原因：一是东道国政府迫于民意和政治压力，可能通过政策调整带来环境规制风险。首先，公众参与环保的意识不断提高，政府为巩固执政基础，越来越重视保护公众的参与权和知情权。如韩国的环境影响评价制度中，专门设置了反映民众意见的程序。其次，政府反对派常以跨国企业投资问题为借口，给现届政府施政制造障碍，降低政府执政效率，以便在选民中赢得支持。如我国在缅甸的密松水电站项目，由于缅甸各政治派别的相互角力及环保组织和当地民众的抗议，政府以环保为由搁置了项目开发。二是部分中资企业环保意识薄弱，环保责任感不足，未对东道国环保相关法律进行充分调研，在投资决策、成本核算等重要环节缺少环保评估，引发环境风险。且在出现环保事故后，缺少有效的应急机制，造成风险进一步扩大。此外，个别企业存在环保机会主义倾向，以投机心态忽视或降低环保责任。如上海豫园绿波浪酒店在德国汉堡投资经营过程中仍按国内习惯处理垃圾，违反了当地相关法律，最终遭受严重经济损失。

案例二

中海外联合体承建波兰 A2 高速公路项目

（一）项目概况

波兰 A2 高速公路项目（以下简称波兰 A2）是波兰政府公开招标项目，中海外联合体（由中国海外工程有限责任公司、中铁隧道集团有限公司、上海建工集团和波兰贝科码有限公司组成）于 2009 年 9 月中标。波兰 A2 EPC 总承包项目工期从 2009 年 10 月 5 日至 2012 年 6 月 4 日（含设计期），投标报价为 4.47 亿美元，是中国企业在欧盟地区承建的第一个基础设施项目，对进一步开拓欧盟市场具有重大意义。

中海外联合体投标不到波兰政府预算一半的报价一度引来低价倾销的指责。针对低报价行为，中海外联合体回应称"公司将依靠特殊的管理方式压缩成本，并非亏本经营"。2011 年 5 月，中海外联合体未按时向波兰分包商支付款项，导致工程自 5 月 18 日起停工，工程进展迟缓，项目亏损苗头浮现。2011 年 6 月，中海外联合体决定放弃该工程，波兰业主给中海外联合体开出了 2.71 亿美元的赔偿要求和罚单。根据波兰法律，中海外联合体建筑企业成员 3 年内不能在波兰参与任何道路工程建设。

（二）失败原因分析

1. 忽视前期尽职调查工作，投标体系不规范

中海外联合体急于进入高端市场，制定低价中标策略，希望利用我国劳动力成本低的优势。但是，波兰 A2 实施过程并不顺利。首先，预想的低劳动力成本优势并不存在。许多施工设备必须在当地租赁，需要当地工人操作，按照波兰劳工法，海外劳工必须按当地工资水平雇用。其次，当中海外联合体以原材料、人工、汇率等成本骤升，施工过程中发生多项重大

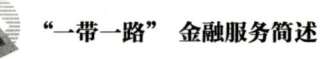

工程变更等为理由提出索赔时，波兰方始终强调"以合同为准"，拒绝给予赔偿，最终导致项目严重超支。

2. 缺乏合同意识，合同管理不科学

波兰 A2 项目招标采用国际工程通用的 FIDIC 合同，中海外联合体中标后和波兰公路管理局签署的是波兰语合同，英文版和中文版的合同只有内容摘要。此外，由于合同涉及大量法律和工程术语，部分翻译内容也不准确。

3. 风险意识淡薄，风险控制机制不完善

项目立项后，准备工作不充分，未能清晰认识到材料价格上涨的风险，在施工的各个阶段也没有采取相应的风险控制措施。投标时未将原材料价格风险反映在报价中，合同中也未设立规避风险的条款。

4. 环保意识缺乏

波兰分包商多次要求项目经理部在做施工准备时妥善处理青蛙问题，但并未引起项目经理部的重视。实际施工中，波兰分包商要求中方把珍稀蛙类移至安全区域，在高速公路通过区域为蛙类和其他大中型动物建设六条专门通道。但是，类似的施工成本在中海外联合体投标报价中均未加以考虑。据统计，环保成本在波兰高速公路项目投资中通常占 10% 左右。在波兰 A2 项目中，中海外联合体的总体成本需要增加 10%～15%。

（三）经验教训

首先，应关注招标文件细节。国际工程招标文件一般采用英语，中资企业应对招标文件和基础材料的每个细节加以研究，必要时聘请专业机构协助。其次，应关注合同条款，详细分析和评估每一条款的潜在影响，包括双方的责任和权利、对方的技术要求、补偿条款、环保、保险、专利保护和侵权、变更和索赔、涉及的法律法规等。最后，应增强风险意识，构建针对项目的风险控制机制。增强对项目中各类风险因素的识别判断和分析评估能力，做好预研和预判，制定风险应急预案。

第二节　防范金融风险的策略和措施

一、建立专业化、有针对性的国别风险研究体系

国别风险研究不能流于空泛，追求"大而全"，应重点搭建针对具体国家、具体行业的专门研究中心。摸清并报告"一带一路"沿线国家特别是高风险国家政治、经济形势发展情况，包括金融市场、金融机构、金融产品的发展变化。对金融市场落后国家，重点关注银行体系建设和安全情况。对弱势货币国家，重点关注美欧政策的外溢性影响；对经济结构单一国家，重点关注大宗商品价格变化产生的影响；研究高风险国家的脆弱性和关键风险点，确定相应的国别风险预警信号。有针对性地开展压力测试，研判相关风险因素对金融风险乃至跨境、全球经济风险的影响，提前制定应对预案，建立风险预警机制和重大风险事件快速响应机制，提高预研、预判、预警能力，防范"灰犀牛"和"黑天鹅"事件。

体现专业特点，依托专门团队，运用专业方法获得专业的成果。相关公司或研究机构可以组建境外尽职调查、客户准入、风险评估、信用结构设计和法律诉讼等环节的信息收集和分析团队，构建有效评估框架和评级模型，充分评估沿线国家的风险和潜力，持续对沿线国家国别风险进行监测、评估，定期发布评级结果。

同时，积极应用相关智库机构的研究成果，加强趋势分析和对比评估，辅助预警和报告。金融机构应提升为客户量身定做个性金融服务方案的能力，积极提供融资和融智服务，构建合理的交易结构，完善风险控制措施。目前，已经有一些企业和智库机构进行了该项工作，例如2016年中信保正式发布《国家风险分析报告》和《全球投资风险分析报告》，建立了中信保国别风险研究中心，定期发布《"一带一路"国别风险监测月报》。同年，全球中小企业联盟和中国人民大学共同发布《"一带一路"商业机会与

"一带一路"金融服务简述

投资风险白皮书》。2017年，中诚信国际信用评级有限责任公司发布《"一带一路"沿线国家风险报告（2017）》。2018年，新华社发布"一带一路"国家公共安全风险系列报告，对"一带一路"相关的64个国家的公共安全风险开展全面分析，旨在为企业海外投资提供境外公共安全风险提示和参考。

二、建立多层次、跨部门的风险管理和统计体系

在国家层面推动建设各部门协作的风险管理和统计体系，服务于不同层次的对象。目前，"一带一路"建设已经进入风险暴露期，风险的防控在这一阶段更应得到重视。在国家层面，可以推动建立"一带一路"金融服务的智库和评级机构，设立统筹研究"一带一路"相关风险的部门和管理机制。国家各部门也应该密切加强合作，共同应对"一带一路"风险。例如，发改部门发起与审批项目要注意项目风险；外交部门研究发布当地风险报告，发挥所在国使领馆的积极作用，成熟的使领馆可定期发布所在国白皮书，评估并报告相关国家经济发展、投资环境等情况；金融部门要有内部风控体系设计和要求；等等。

在信息统计层面，建议政府部门牵头统筹境外信息统计分析工作。在国家层面，明确"一带一路"信息收集标准和要求，完善相关数据，构建由国家层面和政府部门来分析决策的统计信息平台。同时，强化统计数据的国际分析比较职能，参照联合国和沿线已有合作组织的统计机制，建立官方的"一带一路"国家统计数据库，全面展示沿线对外贸易、资金和劳动力变化、项目开发、技术合作等情况，提升国家行政决策的信息支持和研究支持能力。在市场层面，由政府部门引导建立金融机构和中外资企业信息共享的业务统计平台，降低市场参与各方的信息获得成本，提高信息可得性和可用性，便于信息分析筛选。为"一带一路"参与建设的资本和机构提供准确、及时的数据服务。运用互联网、云计算、大数据等工具建设统一、完备的采集、处理、存储、发布数据平台以及相应的数据加工分析展示平台。确保统计的市场化数据真实、准确、可靠，强化信息分析和

共享，有助于中外资企业运用数据进行科学的投资分析。银行、基金等金融机构的内部风险部门应利用政府公开的数据库和面向市场的数据库搜集、完善信息，建立机构内部服务于"一带一路"的数据中心，对银行而言，有助于其进行实时动态的数据监控、风险管理；对基金而言，可能有助于其进行投资决策等分析。

目前，境外贷款通过政策性银行、开放性银行和商业银行等多个渠道发放，各家金融机构根据自身风险偏好多头对外授信，容易造成借款国举债过度，债务风险积累。建议在国家层面建立国别风险总量控制机制，对境外债务进行统筹规划和集中管理。一是建立债权统计制度，按类型、期限、国别等对已发生债权进行统计，及时掌握对外债权总体规模和分布情况等。二是建立国别风险管理机制和监测机制，完善国别风险集中度评估机制和监测预警机制。三是加强国别限额管理，加强金融机构间统筹协调，合理配置资源，避免多头授信和无序竞争。

三、建立综合性的投资效益评估体系

基于投资综合收益和长期收益最大化原则，政府部门可以牵头建立投资效益评估体系，一方面对项目投资收益进行评估，另一方面引导提高投资项目决策的科学化水平。"一带一路"项目既包括中央政府和地方政府推动投资和建设的项目，也包括国有企业和金融机构开展的项目，以及高等院校、科研院所、医院、智库和社会组织开展的项目等。无论是直接投资、工程承包、劳务合作，还是长期贸易项目，都应纳入投资效益评估的范围，按照统一的标准进行评估，确保"一带一路"倡议下的对外投资都在整体规划框架内，按照综合收益最大化原则，统筹协调推进。

投资效益的评价要侧重于对综合收益、长期收益的评估。"一带一路"项目投资建设周期大都较长，投资效益的评价不能局限于短期回报、个体收益，应该站在全局利益、整体利益的角度，侧重于对长期性、综合性效益的考量。政府部门应该发挥牵头作用，制定能够反映项目投资效益的评估指标，关键是衡量该项目对"一带一路"建设的贡献度。评估内容应该

是全方位的,综合考虑政治、经济、社会、文化和生态等多个领域,至少应包括以下几个方面:(1)项目融入当地社会的情况;(2)在提升当地工业化水平中发挥的作用;(3)是否有助于促进当地经济社会可持续发展,培育当地经济发展的内生动力;(4)是否能够为"一带一路"建设的推进营造良好的综合环境等。同时,"一带一路"沿线国家多为发展中国家,投资效益评估体系的建立要综合考虑沿线国家的实际情况,包括社会结构、政治体制、法制建设情况等,以引导、支持投资主体更加灵活地应对差异化的投资环境,提升投资决策效率,扩大综合性投资收益,为提升"一带一路"建设投资效益提供支撑。

四、加强银政、银银和银企合作,增强风险缓释能力

(一)在治理层面上,积极构建与沿线政府、金融机构和企业间不同的合作机制以进行风险缓释

明确合作框架,推动多双边规划对接,培育市场和市场主体,聚合政府、市场、企业、社会各方力量,形成支持发展、防范风险的系统合力。积极参与国际金融规则制定,通过融资规划引领项目落地,推动中国标准的广泛应用。强化统筹和协调:一方面,建立重大事项协调机制,针对重大项目和重大风险,强化发改、外交、商务和金融机构联合作业;另一方面,建立同业协调机制,有序开展金融服务,构建合理的金融产品结构以进行风险控制,减少过度竞争和授信,如可以形成基金和"两优"贷款[①]先行、开发性金融及一般政策性金融作为中间层、商业性金融作为补充的参与机制,有效控制金融机构的风险。

[①] "两优"贷款即中国援外优惠贷款和优惠出口买方信贷。

（二）在资金来源上，积极强化银企合作、同业合作以及与发达国家开展第三方市场合作，尝试风险共担

引导企业与金融机构利益共享、风险共担，有策略、有重点、有步骤、高效率地支持"一带一路"项目建设。积极支持企业在香港、新加坡、伦敦等境外金融市场发债筹资。发挥金融机构的专业化优势，创新筹资模式，优先选择欧元、日元等尚未进入加息通道的强势货币，筹集低成本外汇资金。引导国际资本和民间资本参与"一带一路"建设，共同承担和分散信贷或投资风险，降低国内金融机构的风险暴露程度。与发达国家共同开展第三方市场合作，鼓励国内企业通过联合投标、共同投资等创新合作模式，与发达国家的企业共同投资作为第三方市场的发展中国家，从而分摊投资风险，并减少中国企业与发达国家企业在"一带一路"沿线的发展中国家投资时可能出现的对抗，增加合作空间，促进"一带一路"建设。

（三）加强同国际组织和金融机构的合作，共建开放的金融合作平台以分散风险

积极发挥上合组织银联体、中国—东盟银联体等多双边金融合作机制的指导和协调功能，与各类资金共建"一带一路"，构建多方参与的利益共享和风险分担机制。大力发展同业授信、同业转贷等合作模式，引导亚投行、金砖开发银行、亚洲开发银行（以下简称亚开行）、世界银行等多边金融机构，渣打银行等跨国银行和"一带一路"沿线国家本地金融机构组建"一带一路"项目银团，组成利益共同体，避免项目完全由中资因素主导可能产生的集中风险和道德风险。

（四）深入推进人民币国际化结算服务，减少汇率波动风险

目前，人民币外汇交易量在全球外汇储备中的占比约为2%，还有较大提升空间。部分"一带一路"沿线国家外汇与金融体系脆弱，如果与中国推动货币双边互换协议进程，扩大互换币种和规模，有助于工程项目或合作项目规避汇率风险，降低汇兑费用。在区域市场的贸易需求下，中国金

融机构可以积极开展与境外同业的人民币大额授信合作，扩大境外人民币使用范围，推动人民币结算业务发展，提升"一带一路"建设中银企合作的独立性和灵活性，这样不仅有助于提升多边贸易的效率，降低汇率波动风险，也是对美元滥用中心货币霸权可能造成损失的规避。

（五）加强银保合作，积极发挥保险对风险的缓释作用

合理使用中信保、多边投资担保机构（MIGA）缓释金融风险，引导商业保险机构、境外保理商等开发合适的金融产品，参与对"一带一路"项目的支持，通过贸易保险、项目保险、国际保理等方式合理分担风险。

五、坚持市场化导向运作，规避合规风险

（一）研究分析应基于市场开展，企业应市场化运作

推进金融创新，释放市场活力，多渠道筹集建设资金，以多币种、多产品丰富资金运用，为"一带一路"建设提供多样化、可持续、风险可控的金融服务体系。通过市场化运作方式，聚焦基础设施、产能和金融合作等重点领域，提升资金使用效率。综合考虑项目重要程度、所在国利率水平及其在市场的融资能力和成本等因素确定资金价格，追求资金投入的合理回报。除具备重大战略和政治、外交意义的关键项目外，坚持从商业性原则出发进行项目筛选，优先支持中资企业在沿线低风险国家开展业务，发挥中方优势产能，推动所在国经济增长、产业升级和创汇能力提升，形成资金有进有出的良性循环；在国家统一策略下支持沿线高风险国家业务，推进相关国家的经济建设和民生工程；避免使用银行信贷支持非战略性高风险国家业务。

（二）市场化建设要以合规为前提开展服务

根据沿线国家法律制度、营商环境、可用风险控制及缓释措施等，采用基金、信贷、中间业务等不同方式支持企业构建风险可控模式，回避涉

嫌违法违规的项目。充分认识部分国家在反恐怖融资、反洗钱等领域面临的严峻挑战，避免正常金融活动受到不利影响，同时加强与沿线国家的支持和合作，共同防范洗钱和恐怖融资风险。树立"主动合规"的理念，结合内外部监管新要求、新变化，加快推进参与机构合规稳健经营长效机制建设，主动、妥善应对监管合规压力，化外部监管检查的压力为内部规范管理的动力。

（三）强化监管合作

提高与各个国家监管政策的协调性和一致性，结合沿线国家法律、合规要求，统筹制定合规负面清单，引导金融机构合规经营，确保区域金融安全稳健；加强对相关金融机构的沟通指导，使金融机构能充分掌握监管要求，做好外规内化，高标准开展合规管理。

截至 2018 年 7 月，中国银保监会已与 32 个"一带一路"沿线国家的金融监管当局签署双边金融监管合作谅解备忘录（MOU）或合作换文，这是各国金融监管当局之间签署的关于建立正式信息共享和监管合作机制的共识文件。在 MOU 框架下，中国银保监会将不断加强跨境监管合作和信息交流，推动双方银行业机构之间开展多层次、多领域的合作，维护银行业机构的稳健发展。

六、探索建立风险补偿机制

探索建立多种形式的风险补偿机制，覆盖不同类型的业务风险。一是建立"一带一路"主权合作基金，各国按照一定比例认购担保基金份额。主要覆盖与政府和民生相关的各类业务，为项目提供增信，为出现流动性风险的项目提供救助，同时考虑为少量成长型项目提供启动资金（资本金）。在实施救助时，原则上按照参与份额向相关国家项目提供相应比例的救助金额，在获得多数参与方同意的前提下，可以对特定项目增加补偿金额。二是建立"一带一路"融资担保机构，为融资期限和回报周期长的项目提供增信和担保，例如在"一带一路"沿线国家，中信保、渣打银行等已参与多个为金融机构投资提供保障的项目。三是建立多边组织下的协调机制和资产管理机构，例如在金砖银行、亚投行等多边开发机构下设立资产管理公司，负责为风险项目注入流动性，收购风险或不良资产。对于本机构下的风险债权，考虑采用债转股等多种方式化解风险。四是与实力较强的企业建立双边合作补偿机制，针对双方合作框架下的项目，按照一定比例计提风险准备金，用于补偿合作中出现的风险项目还款。

从补偿机制操作来看，可以参考世界银行有关操作，要求接受风险补偿的项目按照一定规则，在救助方案确定的框架内开展运营，逐步化解风险。

七、研究建立"一带一路"债务协商解决机制

随着中国海外债权不断增加，应推动建立债务协商解决机制。首先，要明确绝大部分"一带一路"项目给相关国家带来了有效投资，促进了当地经济的增长和民生的改善，绝对不是所谓的"债务陷阱"。截至2018年，中资企业在沿线国家已经建设了75个经贸合作区，累计投资255亿美元，上缴东道国税费近17亿美元，为当地创造就业近22万个。国际金融论坛与英国《中央银行》杂志2018年联合发布的《"一带一路"五周年调查报告》显示，67%的受访中央银行预计未来5年内，"一带一路"项目将帮助本国经济增速提高0~1.5个百分点。25%的受访中央银行预计，本国经济增速将因此提升1.5~5.5个百分点。国际金融论坛副主席周延礼在发布会上表示，将近半数的受访中央银行认为"一带一路"倡议为各国发展提供了"千载难逢的机会"。

其次，对一些偿债困难、资金极度缺乏的不发达国家，中国秉持良好的大国形象，对其给予无息贷款、专项资金甚至债务免除。例如，中国国家主席习近平在2018年中非合作论坛北京峰会开幕式上表示，中国将免除与中国有外交关系的非洲最不发达国家截至2018年末到期未偿还的政府间无息贷款债务。中国愿以政府援助、金融机构和企业投融资等方式，再向非洲提供600亿美元支持，其中包括提供150亿美元的无偿援助、无息贷款和优惠贷款，

提供200亿美元的信贷资金额度，支持设立100亿美元的中非开发性金融专项资金和50亿美元的非洲进口贸易融资专项资金，中资企业未来3年对非洲投资将不少于100亿美元。

另外，研究建立符合"一带一路"主要国家利益的债务协商解决机制迫在眉睫。当前，巴黎俱乐部在国际主权债务重组上承担主要角色，负责协调发达国家与发展中国家债务关系中的国际利益。中国在发展中国家拥有大量的债权，在债务关系处理上与巴黎俱乐部有一定的共同利益，对解决债务问题会产生一定的正外部效应。因此，一方面，中国应保持与巴黎俱乐部的对话和沟通，积极承担国际义务，最大限度地保障自身权益。另一方面，中国需继续保持较高的政策自由度，审慎处理与战略合作伙伴之间的债权关系，争取有利的外部发展环境。近期来看，可联合在相关领域具备影响力的机构协作解决已暴露债务风险。长期来看，可联合发展中国家组建类似的协调机构，聚焦发展中国家之间以及发展中国家与发达国家之间的债务风险解决，维护发展中国家的利益。

第五章

"一带一路"与全球金融治理

21世纪倡导和平、发展、合作、共赢，世界各国趋于多边合作、相互依存，利益交融愈加深入。不断完善全球治理、谋划全人类共同的未来，越来越需要世界各国的高度关注、共同参与。共同建立国际机制、共同遵守国际规则、共同追求国际正义成为多数国家的共识。若把全球治理比作上层建筑，那么经济基础就是重要支撑，金融又是现代经济的核心，因此，全球金融治理成为全球治理的关键因素。

现有的全球金融治理体系已呈现出无法满足时代变化和世界各国发展需求的趋势。当前的多边体系越来越无法反映新时期全球经济力量布局，对发展中国家金融服务建设的作用也较为有限，难以满足全球需求，尤其是难以满足广大发展中国家的发展需求。一方面，现有国际金融体系存在对发展中国家关注度不够、发展中国家代表性不强等问题；另一方面，多数"一带一路"沿线国家本身经济基础较为薄弱，金融体系不够健全，难以在国际金融市场上取得基础设施建设融资。

2014年,习近平总书记提出"一带一路"国际合作倡议,创造性地提出"共商、共建、共享"的全球治理理念,为破解当今人类社会面临的共同难题提供了新思路,为构建人类命运共同体注入了新活力,具有深远的历史意义与重大的现实意义。"一带一路"作为沿线国家的公共产品,为沿线国家经济以及全球金融业创造了新机遇。"一带一路"创建的金融体系和多边金融机构,能更好地为沿线国家提供投融资、货币结算、风险缓释等金融服务,也能更好地在国际金融体系中提升发展中国家的代表性和受关注度。

中国倡导"一带一路"建设并参与全球金融治理,就是以推动全球治理机制更加完善为目标,尊重国际货币基金组织、世界银行、联合国等全球治理机构利益,联合对接现有的政策和组织平台,共同协作,推动全球经济向提高各国福利的方向发展。

第一节 加强"一带一路"与沿线国家发展政策对接,推动完善国际政策协调机制

从国家经济合作层面来看,"一带一路"倡议在政府协调、贸易合作和基建联结等方面取得了诸多进展。通过加强政府间政策对接(见表5-1),"一带一路"与相关国家及区域经济体的发展战略相互合作,并取得了阶段性成果。

表5-1　　　　　　　　　"一带一路"政策对接情况

序号	国家/地区	政策
1	俄罗斯	"大欧亚伙伴关系"
2	韩国	"新北方政策"
3	哈萨克斯坦	"光明之路"新经济政策
4	越南	"两廊一圈"
5	泰国	"东部经济走廊"

续表

序号	国家/地区	政策
6	印度尼西亚	"全球海洋支点"
7	匈牙利	"向东开放"政策
8	欧盟	"容克计划"
9	蒙古国	"草原之路"
10	英国	"北部振兴计划"
11	波兰	"琥珀之路"
12	柬埔寨	"四角战略"
13	文莱	"2035 宏愿"

一、俄罗斯"大欧亚伙伴关系"战略

2016年6月，普京总统首次提出制定"大欧亚伙伴关系"战略，该伙伴关系涵盖了欧亚经济联盟成员，以及中国、印度、巴基斯坦、伊朗等国家和组织。从"大欧洲"战略到"大欧亚伙伴关系"战略，反映了俄罗斯外交战略的重大调整。

"大欧亚伙伴关系"战略旨在推动欧亚地区经济合作，加速俄罗斯"向东看"的战略步伐，基本内容是深化中俄合作，稳固发展和创新欧亚政治与经济合作空间，并寻找机会扩大与东亚、南亚国家的合作。

"大欧亚伙伴关系"战略与中国"一带一路"倡议在目标和主要路径上存在较多一致性，它们的成功对接将有效地推进欧亚一体化进程，有助于两国实现各自的战略目标，对国际关系格局产生深远影响。

为吸引外资，俄罗斯政府出台了一系列政策法规和制度优惠，激发外国企业的投资兴趣，并成功吸引了大量中国资本（见表5-2）。

表5-2　　　　　　　　中俄部分合作方案和项目

领域	代表项目
跨境通道	界河桥梁、跨江索道、跨境铁路、公路口岸等
合作平台	"中俄博览会""中国—东北亚博览会""东方经济论坛"

续表

领域	代表项目
铁路建设	莫斯科—喀山高铁项目、贝加尔—阿穆尔铁路、跨西伯利亚铁路
公路建设	"欧洲—中国西部"公路项目（俄罗斯国家公路集团、中国交通建设集团、山东路桥集团、丝路基金等参与）
其他领域	基础设施、移动通信系统、跨境光缆、建设数据中心、港口建设

中国与俄罗斯在经济合作方面的内容基本一致，都是为推进欧亚运输走廊和经贸一体化的发展扫清障碍，推动地区经济协同发展。

俄罗斯的金融体系以中央银行为主导，监管模式是单一的集中监管。金融资源分布不均衡，80%以上的金融资源集中在莫斯科和圣彼得堡。

中国与俄罗斯的金融合作历来是中俄经贸合作的重要组成部分，具有重要意义。中俄金融合作有利于维持区域金融环境的稳定性，也是推动当前中俄经贸合作不断深化乃至两国经济转型升级的必要条件。此外，中俄金融合作对中国"一带一路"倡议的实施也起到了重要的促进作用。中俄金融合作成果详见表 5-3。

表 5-3 中俄金融合作成果

领域	合作成果
国家层面	两国总理定期会晤
机构层面	中俄金融合作分委会、中俄财政部部长每年对话机制
地区合作	中俄边境地方经贸合作协调委员会、边境地方政府领导人会晤机制
民间合作	中俄金融合作论坛、中俄金融联盟
跨境贸易结算	2011 年以后，中俄本币结算从边境贸易扩大到一般贸易，扩大了地域范围，两国经济活动主体可自行决定用自由兑换货币进行商品和服务的结算与支付
商业银行	中俄两国银行互设机构及代理行，有效提高结算效率，推动贸易发展，推动跨境电商支付结算
货币互换	2014 年，中俄双方签署了 1500 亿元人民币/8150 亿俄罗斯卢布的本币互换协议，有助于规避汇率风险，提高双边贸易和投资的便利性，丰富国际金融体系

续表

领域	合作成果
融资合作	开发性金融合作、银团贷款
反洗钱及反恐融资合作	两国作为创始成员国成立欧亚反洗钱与反恐融资小组（EAG），签署《反洗钱谅解备忘录》《关于预防洗钱和恐怖融资谅解备忘录》

中俄金融合作是中俄战略对接的重要组成部分。两国在金融各方面的深化合作，如贸易结算、货币互换、融资合作、反洗钱及反恐融资等，不仅有助于推动两国经贸合作和经济发展，也有助于推动区域国际金融中心建设，维持区域金融环境稳定，抵御"美元霸权"的滥用，共同推进国际金融体系改革，完善国际金融体系建设。

二、韩国"新北方政策"

2017年9月，韩国提出"新北方政策"，希望借此连接东亚地区以打开欧亚大陆的大门，实现欧亚大陆的陆、海、空交通运输畅通。

"新北方政策"旨在使韩国摆脱原有的中国、日本和韩国等东亚框架的束缚，繁荣朝鲜南北方地区，以朝鲜半岛为中心提升东北亚地区的合作，建立东北亚"责任共同体"，促进东北亚多边合作战略制度化[①]。

文在寅多次强调"新北方政策"要与"一带一路"进行对接，两国倡议的对接可加强韩国与中国及"一带一路"沿线国家之间的互联互通。

"一带一路"的"五通"与"新北方政策"的"九桥"可以通过国家、机构、民间等层面的合作实现中韩金融合作对接。中韩金融合作成果详见表5-4。

表5-4　　　　　　　　中韩金融合作成果

领域	合作成果
国家层面	两国总理定期会晤
机构层面	两国进出口银行签署谅解备忘录

---

① 引自韩国总统文在寅在俄罗斯符拉迪沃斯托克开幕的第三届东方经济论坛全会上的主旨演讲。

续表

领域	合作成果
民间合作	中韩企业家合作论坛、"青年领导者论坛"、"韩国旅游年"
货币互换	2017年10月13日,韩国银行宣布和中国人民银行续签货币互换协议

三、哈萨克斯坦"光明之路"新经济政策

2014年,哈萨克斯坦制订了"光明之路"计划,旨在推进基础设施建设,促进经济持续发展和保障社会稳定。

哈萨克斯坦"光明之路"新经济政策主要涉及交通、工业、能源、社会和文化等领域。

"光明之路"新经济政策与"一带一路"倡议对接,将推动中哈两国在产能、金融、能源、互联互通等领域的合作,助力哈萨克斯坦经济发展。

中哈两国金融合作起步晚,但发展快,涉及领域广,合作内容包括发展跨国支付系统、银行卡使用、银行间合作、金融监管等。中哈金融合作成果详见表5-5。

表5-5　　　　　　　　　　中哈金融合作成果

领域	合作成果
国家层面	两国政府签署《"丝绸之路经济带"建设与"光明之路"新经济政策对接合作规划》和《政府间产能合作协议》,建立常态化合作机制
机构层面	设立中哈产能合作基金。丝路基金设立了一期150亿美元的中哈产能合作专项贷款
货币互换	2005年签订本币结算协议。2011年签订为期3年的中哈本币互换协议
金融合作	2017年6月,哈萨克斯坦阿斯塔纳国际金融中心管理局与中国上海证券交易所在阿斯塔纳签署合作协议,计划共同投资建设阿斯塔纳国际交易所

哈萨克斯坦是"一带一路"项目的承接国、目的国,也是重要的枢纽和合作伙伴,中哈两国深入合作将对"一带一路"建设起到非常重要的推动作用。

四、越南 "两廊一圈"

2004年5月,越南领导人访华时提出中越共同建设"两廊一圈"的建议,得到中方的积极响应,并积极推进"两廊一圈"与"一带一路"的对接。

"两廊一圈"具体是指"昆明老街河内海防广宁"和"南宁谅山河内海防广宁"经济走廊以及环北部湾经济圈,其合作范围包括中国的云南、广西、广东、海南四省区和越南的老街、谅山、广宁、河内及海防五省市。两条走廊面积共14万平方公里,总人口3900万人。

中越自2006年以来就在"两廊一圈"规划框架内开展合作,取得了重要成果(见表5-6),特别是越南北方省市与中国西南省区围绕"两廊一圈"开展了基础设施互联互通和贸易便利化的合作。

表5-6　　　　　　　　　　中越金融经贸合作成果

领域	合作成果
国家层面	两国签署《中越国防部边防合作协议》《共建"一带一路"和"两廊一圈"合作备忘录》《中越经贸合作五年发展规划(2017—2021)》《关于建设跨境经济合作区谅解备忘录》《电力与可再生能源合作谅解备忘录》《关于成立电子商务合作工作组的谅解备忘录》《银行监管信息交流谅解备忘录》等
合作机制	成立双边合作指导委员会、中越基础设施合作工作组、中越金融与货币合作工作组、海上共同开发磋商工作组,建立中越经贸合作委员机制
项目合作	河内轻轨二号线(吉灵—河东轻轨)项目、中越永新火电厂合作一期项目、建设中越电商产业基地
货币互换	2017年中国首次实现人民币与越南盾现钞点对点跨境双向调运
融资合作	"两优"贷款、出口买方信贷

"一带一路"倡议在越南推进具有良好的合作基础。"一带一路"与"两廊一圈"对接,中国可在基础设施建设方面分享资源、设备、资金和运营经验,推动越南基础设施建设,助力越南经济发展。中国也可建立以福建为起点,经过越南进入东南亚及南亚,然后直达欧洲的贸易路线,促进

两国各领域合作,推动互联互通。

五、 泰国 "东部经济走廊"

泰国政府推出"东部经济走廊"(Eastern Economic Corridor,EEC)计划,根据国家总体发展战略,促进长期经济发展。

泰国"东部经济走廊"具体是指泰国在东部沿海的北柳府差春骚、春武里和罗勇三府设立经济区,通过大力发展基础设施及实行一系列投资优惠政策吸引新产业。"东部经济走廊"致力于将泰国东部打造为一个集海、陆、空三维交通系统于一体的国际交通要塞,以便国际货物运输和国际游客通勤。

泰国当局希望此计划能够与中国的"一带一路"倡议实现对接,双方在基础设施建设等传统优势产业方面合作潜力巨大,目前正在沟通的项目包括机场扩建和航空中心项目、曼谷—罗勇高铁和升级东部地区复线铁路项目、林查班港口第三期建设项目等。中泰经贸项目合作成果详见表5-7。

表5-7　　　　　　　中泰经贸项目合作成果

领域	合作成果
机制建设	澜湄合作机制
机构层面	两国签署《中泰澜湄合作专项基金项目合作协议》《中泰澜湄合作专项基金水资源项目合作协议》
项目合作	中泰铁路合作项目、曼谷中国文化中心项目等
融资合作	开发性金融合作、银团贷款

"一带一路"倡议在泰国推进具有良好的合作基础。泰国"东部经济走廊"为中泰两国传统产业合作及未来产业合作提供更广阔的平台,为企业提供更加便利的平台和更优惠的政策,这有利于中国产业全球化,积聚中国在"一带一路"沿线国家中的软实力。

六、 印度尼西亚 "全球海洋支点"

2014年印度尼西亚总统佐科提出"全球海洋支点"战略,涵盖了经济、政治、外交、军事、文化等多个维度,希望通过该战略发挥海洋大国的作用,提升国际竞争力。

习近平主席会见佐科总统时提出印度尼西亚建设海洋强国的理念和中国建设 21 世纪海上丝绸之路的倡议高度契合,双方可以对接发展战略,推进基础设施建设、农业、金融、核能等领域的合作,充分发挥海上和航天合作机制的作用,推动两国合作"上天入海"。双方一致同意共同推进 21 世纪海上丝绸之路和"全球海洋支点"的规划及项目。

两国的倡议在目标和内容上高度契合,都重视开发海洋资源,把互联互通作为目标,强调发展海洋经济,促进海洋基础设施建设。① 中印经贸项目合作成果详见表 5 – 8。

表 5 – 8　　　　　　　　　　中印经贸项目合作成果

领域	合作成果
项目合作	中国电建在印度尼西亚建设雅加达—万隆高铁项目、中国能建在印度尼西亚承建巴比巴卢燃煤电站项目、中汽工程在印度尼西亚建设汽车工厂项目
跨境结算	2009 年 3 月 23 日,中国人民银行和印度尼西亚银行签署双边货币互换协议,互换规模为 1000 亿元人民币/175 万亿印度尼西亚卢比,协议有效期为 3 年。2016 年中国与印度尼西亚签订网上支付服务协议,跨境结算双向通
融资合作	开发性金融合作、银团贷款

七、匈牙利"向东开放"政策

2010 年,匈牙利政府决定重点发展与发展中国家尤其是中国的经贸关系,这一决策被称为"向东开放"政策。

2015 年 6 月,中匈两国政府签署了《关于共同推进丝绸之路经济带和 21 世纪海上丝绸之路建设的谅解备忘录》,这是中国同欧洲国家签署的第一个"一带一路"合作文件,实现了中国"向西开放"战略与匈牙利"向东

---

① 曾立,王文佳."一带一路"与"全球海洋支点":中国与印尼的海洋安全合作 [EB/OL] http://dy.163.com/v2/article/detail/DHUP25DP051495OJ.html.

开放"政策的有机对接。中匈双方在 2016 年成立"一带一路"联合工作组,匈牙利成为第一个在"一带一路"倡议下与中国开展机制化合作的欧洲国家。2017 年,欧尔班总理访华并出席"一带一路"国际合作高峰论坛,两国将双方关系提升为全面战略合作伙伴关系。①

经贸方面,自 2011 年匈牙利政府宣布"向东开放"政策以来,中匈两国关系不断深化,匈牙利对华经贸合作稳步提升。匈牙利政府一方面积极为出口企业开拓中国市场,另一方面努力吸引中国投资。2011 年以来,两国贸易额每年都维持在 80 亿美元以上。匈牙利是中国在中东欧地区的第三大贸易合作伙伴,中国则是匈牙利在欧盟以外的第一大贸易合作伙伴。

金融方面,两国的合作也不断加深,促进了"一带一路"倡议的资金融通。2015 年 2 月,匈牙利中央银行启动"央行人民币项目",着力推进人民币业务相关金融基础设施建设。同年 10 月,中国银行匈牙利人民币清算行正式启动服务,成为中东欧首家人民币清算行。2016 年 9 月,中国人民银行与匈牙利中央银行续签了中匈双边本币互换协议,互换规模为 100 亿元人民币。当年 12 月,匈牙利中央银行宣布在中国外汇市场启动人民币和匈牙利福林的直接兑换。所有这些都极大地促进了两国企业和金融机构使用人民币进行跨境交易,进一步降低了双方经贸成本,丰富了投融资选择,也为两国深化合作开辟了新的空间。

八、欧盟"容克计划"

2014 年 11 月,欧盟委员会主席容克提出"容克计划",通过设立总金额约 210 亿欧元的欧洲战略投资基金,加大对基础设施和创新等领域的投资,促进欧盟经济复苏。

2015 年,中欧双方决定推进"一带一路"与"容克计划"的对接,推动亚太与欧洲经济圈实现连通,释放两个市场的巨大潜力,为建立更加良

---

① 高江虹. 29 所孔子学院落户中东欧 充当"一带一路"文化交流先锋 [EB/OL]. http://www.21jingji.com/2017/12-1/zMMDEzNzlfMTQyMTEzMA.html.

好的经济互动关系搭建平台。

基础设施互联互通是"一带一路"倡议和"容克计划"共同的优先发展领域，通过基础设施建设规划及技术标准的对接，以及国际道路的建设，逐步建成连通亚欧大陆的基础设施网。"容克计划"在欧洲有2000个潜在投资项目，投资额可达1.3万亿欧元，其中约30%拟投向交通基础设施项目。泛欧交通网络、中欧陆海快线、新亚欧大陆桥等项目可成为双方对接的优先方向。2015年，中欧双方就建立一个互联互通平台、对双方的基础设施发展规划进行协调达成一致。平台的成立可有效推动双方开展相关领域内的合作，连接中国与欧盟之间的基础设施，联合中欧双方企业的专业和实力，建设高质量的基础设施，实现协同效应的最大化。

"一带一路"与"容克计划"的对接需要良好的经贸和投融资环境。中国和欧盟联合开发第三方市场，有利于结合双方优势，以优质价低的产品和服务满足全球需求，既有助于中国的产业升级，也有助于欧盟扩大出口。随着中国"一带一路"和"容克计划"的对接，中国和欧盟在共同开拓第三方市场方面将会迎来更多的机遇。双方在第三方市场的合作将会调动更大范围的全球力量，甚至有可能成为化解世界经济颓势的一剂良方。例如，华为公司凭借在4G技术创新方面的优势，通过与葡萄牙电信运营商开展合作，共同开拓了巴西电信市场。

下一步，中欧双方可积极推动建立中欧共同投资基金，在增强货币互换机制等方面进一步加强金融合作。

九、蒙古国 "草原之路"

2014年11月，蒙古国提出"草原之路"计划，总投资约500亿美元，包括修建一条997千米、连通中俄的高速公路、新建一条1100千米的输电线路、扩建天然气和石油管道等项目，为蒙古国带来新的交通干道并带动各类产业发展，对能源和矿业等蒙古国的核心产业带来巨大的好处。

中蒙两国领导人多次表示，"一带一路"与"草原之路"高度契合，符合双方共同发展利益。2014年，中蒙达成全面战略合作关系，在此大背景下，双方设定了"2020年双边贸易额达到100亿美元"的目标。2015年11月，中蒙两国领导人在北京举行会谈，就加快推进中方"丝绸之路经济带"倡议和蒙方"草原之路"倡议对接达成共识。2016年6月，中蒙俄三国签署了《建设中蒙俄经济走廊规划纲要》，为中蒙俄三国之间加强发展战略对接、深化务实合作搭建了顶层设计平台，也为"一带一路"倡议与沿线国家全面发展战略对接提供了可供借鉴的实施路径。①

中蒙双方在经贸合作上具有很强的互补性，除轻工业产品的进出口合作外，蒙古国自然资源的开发和利用也是中蒙进行共同合作开发的重要项目。2014年，在两国领导人的见证下，国家开发银行与蒙古国开发银行等多个合作伙伴签署了3.12亿美元融资合作协议，专项支持中蒙互联互通建设和国内工程承包、成套设备、技术及劳务出口项目。同年，国家开发银行内蒙古分行向蒙古国开发银行授信项目发放贷款1.12亿美元，用于支持蒙古国电力、公路、基础设施建设等项目②。

从中蒙两国交好的历史和现实来看，中蒙两国的睦邻友好关系符合两国的现实利益选择，"一带一路"和"草原之路"的对接具有时代的必然性。两国作为邻国，相互合作必将有利于各自的发展乃至东北亚地区的长远发展。

十、英国"北部振兴计划"

2014年6月，英国财政大臣奥斯本提出"北部振兴计划"，通过整合英格兰北部城市，强化经济联动，在全国范围实现经济平衡等战略目标③。

英国"北部振兴计划"与"一带一路"倡议具有高度互补的效果。早在2015年10月，中英双方就共同设立"中英基础设施联盟"达成一致，为"北部振兴计划"和"一带一路"带来大量合作机会。2016年中英经济

---

① 邱海峰. 中蒙俄携手开建经济走廊 [EB/OL]. [2016-09-18]. http://paper.people.com.cn/rmrbhwb/html/2016-09/17/content_1712959.html.
② 资料来源：商务部网站。
③ 资料来源：驻英国经商参处网站（http://gb.mofcom.gov.cn/）。

财金对话期间,英国商业大臣贾维德率英格兰北部地区政府官员和企业代表团来中国寻找合作伙伴和机会。目前,上海振华重工已经向利物浦港口项目提供了1.6亿美元的集装箱自动化设备,北京建工参股20%的曼彻斯特空港项目也已经建成。

英国政府积极推介"北部振兴计划",2015年9月中英经济财金对话期间,英国商业大臣携带一份项目清单,率当地政府官员和代表团赴中国各省推行"北部振兴计划",寻找合作伙伴和合作机会①。2015年10月习近平主席访问英国期间,中英双方发表《中英关于构建面向21世纪全球全面战略伙伴关系的联合宣言》,其中特别提及,双方对围绕彼此重大倡议,即中方"一带一路"倡议和英方基础设施升级投资计划及"英格兰北方经济中心"开展合作抱有浓厚兴趣,将在现有机制下就"中英基础设施联盟"进行进一步探讨,愿结合中欧共同投资基金和互联互通平台探讨相互对接方式,包括支持中方与欧洲投资银行开展合作。中英合作的曼彻斯特机场空港城项目正是"一带一路"倡议互联互通的典范。

十一、 波兰 "琥珀之路"

"琥珀之路"是欧洲古代进行琥珀贸易不同道路的总称,连接了从波罗的海、北海到地中海的多个欧洲重要城市,历史十分悠久。其中,从波罗的海出发,经由波兰、捷克到达奥地利,向南一直抵达亚得里亚海的道路是最古老的一条。

2016年6月,习近平主席访问波兰时表示,波兰地处欧亚大陆十字路口,是"琥珀之路"和"丝绸之路"的交会点,具有独特区位优势。中方愿同波方一道,加强在"一带一路"建设框架内的合作,深入挖掘互联互通、基础设施建设等领域的合作潜力,力争取得更多成果。

中国在几千年后的今天提出的"一带一路"倡议与中东欧国家复兴"琥珀之路"的愿景高度契合。目前,波兰作为"丝绸之路"与"琥珀之

---

① 第一财经,2016-08-01,https://www.yicai.com/news/5054000.html。

路"的交会点，两国已经取得了很多合作成果，除多条"中欧班列"线路抵达或路过波兰外，2016年，在中国银行波兰分行提供的资金支持下，中国光大国际公司以1.23亿欧元收购波兰最大的固体废物垃圾处理公司诺瓦戈，成为迄今为止中资企业在波兰单笔并购金额最大的项目。此外，中国银行波兰分行还为中国长江三峡集团公司旗下控股公司EDPR集团提供了金额为2.6亿兹罗提的核心融资方案，支持EDPR集团在波兰风电领域的投资①。

十二、柬埔寨 "四角战略"

柬埔寨政府于2004年提出"四角战略"，主要内容包括优化行政管理、加快农业和基础设施建设、吸引外商投资以及培养人才。

习近平主席提出的"一带一路"倡议和"共商、共建、共享"的理念，在柬埔寨已经得到积极响应并形成广泛共识，认为"一带一路"和柬埔寨"四角战略"对接，将给中柬各领域合作带来重大机遇，进一步促进柬埔寨经济高速发展。

柬埔寨"四角战略"在许多领域和"一带一路"倡议高度契合，两者都倡导在相互尊重的前提下协调与他国的发展政策。目前，中柬两国在农业、能源、交通等领域已有很多重要合作项目并已取得进展，如暹粒吴哥国际机场项目、金边至西哈努克港高速公路项目、桑河二级水电站项目以及柬埔寨首个洲际海缆项目等。

贸易方面，作为柬埔寨的最大贸易伙伴和外资来源国，中国在柬埔寨经济社会发展中发挥着日益重要的作用。2015年，双边贸易额44.3亿美元，中国累计对柬埔寨投资超过120亿美元②。"一带一路"倡议和柬埔寨"四角战略"高度契合，双方合作潜力巨大。金融方面，2015年，中国银

---

① 石中玉. 中资银行欧陆推波"一带一路" [EB/OL]. [2016-07-04]. http://www.boc.cn/aboutboc/ab8/201607/t20160705_7248560.html.
② 解读：柬埔寨"四角战略"与中国"一带一路"倡议相通 [EB/OL]. [2016-10-14]. http://world.people.com.cn/na/2016/1014/c1002-28779914.html.

行与柬埔寨—中国友好协会签署了"一带一路"国际金融交流合作项目备忘录,根据备忘录内容,在北京等地开设国际金融交流合作研修班。

随着"一带一路"倡议与柬埔寨"四角战略"对接程度的进一步加深,两国的发展战略联系将更加紧密,有利于两国成为利益和命运方面的共同体,进一步加深传统友谊,促进中柬关系发展。

十三、 文莱 "2035 宏愿"

2008 年,文莱首相署经济规划和发展局发布了"2035 宏愿",主要包括提高人民生活水平、培养高技术人才及发展多元经济三大目标。

从文莱"2035 宏愿"与"一带一路"倡议的历史定位及战略对接点来看,两个国家的倡议具有相当的契合性。

当前,中国和文莱的倡议对接得到了两国最高领导人的肯定,并且正通过诸如打造"文莱—广西经济走廊"等一系列具体项目积极开展。2014年 11 月,习近平主席在会见文莱苏丹时提出,中方愿意在文莱关注的经济领域与其加强合作,打造大国和小国之间共赢的典范,特别提出在南海上可以采取共同开发的形式取得双赢的成果。2016 年,文莱苏丹在会见中国外交部部长王毅时也明确表示愿意推动"一带一路"倡议同文莱"2035 宏愿"更好地对接,在能源开采、基础设施建设等重点领域合作,并且共同推进"文莱—广西经济走廊"建设。

中国和文莱的经贸合作以涉及油气开发的产业合作和油气下游产业基础设施建设为主,未来中国和文莱的战略对接有望从油气资源和基础设施建设扩展到以服务业为主的多领域、多渠道,并且通过打造次区域合作示范单位进行推广。当前,双方就"文莱—广西经济走廊"项目建设中的港口物流、清真食品加工、冷链运输、原油保税和清真工业与生化创新等议题正在展开一系列磋商和具体项目的合作。此外,中国银行文莱分行于 2016 年正式设立,成为首家在文莱经营的中资银行。

第二节　创新打造"一带一路"金融合作平台

金融机构是全球经济金融治理的重要主体。国际货币基金组织、世界银行、国际清算银行最早参与了全球经济金融治理实践。自2008年国际金融危机以来，新兴经济体对全球经济增长的贡献度不断提升，它们参与全球金融治理的利益诉求日益提升。通过促进国际货币体系和国际金融监管改革，打造全球治理新型合作平台，推动发展中国家平等参与国际金融治理，最终改善全球经济金融秩序，使之朝着平等公正、合作共赢的目标迈进。

现有全球金融治理体系忽视了发展中国家和小国的利益诉求。第二次世界大战以后，全球治理一直表现为"泛多边化的单中心"治理模式。在全球化进程中，这种模式往往导致某些国家将自己的意志强加给别国，进而产生越来越多的全球治理失灵问题。很多发展中国家与小国虽然处于治理体系中，但话语权、决定权被排除在外，利益诉求无法实现。中国金融长期伴随、支持中国经济成长，能更好地理解发展中国家和小国的成长诉求，具有更好的国际兼容性和学习性。在全球金融合作中，中国金融更注重国家间长远的理解与认同，在自身主导设立的亚投行中也没有谋求一票否决权。中国金融的这种"去霸权"做法，使其在全球治理体制中具有很强的感染力、渗透力和共鸣度，能够推动全球治理体系实现真正的"多边共治"。

中国发起、参与的国际金融机构旨在与现有国际金融组织合作，共同推进全球金融治理体系必要改革。同时，中国倡导的打造全球治理新型合作平台，并不否定既有的国际金融合作组织和机构。中国虽然发起、参与了一系列新举措，但对待既有国际经济机制的态度并未出现根本性变化，对后者继续抱有相当程度的认可，同时努力推动其实施必要改革。

中国与国际货币基金组织在2009年达成了一项由中国人民银行向国际

"一带一路"金融服务简述

货币基金组织购买 500 亿美元债券的协议，用来支持国际货币基金组织拓宽融资渠道、扩大融资规模。2008 年国际金融危机后，为了支持世界银行，中国向世界银行旗下的国际金融公司（IFC）购入 15 亿美元的债券，以提升贸易融资对发展中国家的效用。为了支持美洲发展和拉美国家的基础设施建设，中国在美洲开发银行设立了 20 亿美元的联合融资基金，与 IFC 共同设立了 30 亿美元的投资基金。2013 年 10 月，美洲开发银行向牙买加提供的 6000 万美元贷款，包含了中拉共同基金贡献的 1100 万美元贷款。考虑到以上事实，亚投行等新机制意在削弱甚至取代既有国际金融机构的观点，实际上很难成立。

中国倡导并参与全球金融治理，是以推动全球治理机制调整为目标，以国家治理为核心，以区域治理为抓手，力争在尊重现有的国际货币基金组织、世界银行、联合国等全球治理机构利益的前提下，共同推动全球经济向增进全球福利的方向发展。

"一带一路"倡议致力于完善全球金融体系。"一带一路"倡议符合时代要求，符合各国发展愿望，能够提供一个具有包容性的发展平台，能够为全球金融治理打造良好的合作机制，能够有效结合中国和沿线国家经济快速发展的利益诉求，能够为改革和完善全球经济治理体系发挥重大作用。加强"一带一路"务实合作，打造国际合作平台尤为重要，基础设施投资和相应的融资平台建设是深化亚洲国家互联互通伙伴关系的突破口和主要途径。

可以通过金融杠杆为"一带一路"建设提供有力支撑。2013 年中国提议成立了亚洲基础设施投资银行，2014 年提议成立了丝路基金，2015 年倡议发起了亚洲国家金融机构联合组织——亚洲金融合作协会（以下简称亚金协），从而在增进地区金融机构沟通和加强金融资源整合方面开启了新篇章。

中国致力于在打造新型国际合作机制平台、加强与多边金融机构合作、完善全球治理体系方面发挥带头作用。这些合作平台不同于以往的多边合作机构：首先，它们是新兴市场经济体主导发起设立的国际金融组织，是市场化的国际金融组织。其次,它们是明确以金融服务实体经济为目标的国际组织,这和其他的国际金融组织有非常大的区别。最后,它们是以"一带一路"沿线国家行业、金融协会和大型金融机构为主体的国际组织,将在"一带一路"建设中发挥重大作用。"一带一路"倡议代表着开放合作的精神,并非中方一家独奏,而是全球多方齐鸣。创新"一带一路"合作平台要发挥好与现有金融平台组织之间的合作关系,共同助力"一带一路"建设。目前,亚投行、丝路基金、亚金协和金砖国家开发银行等平台的建设已取得积极成果。

一、亚投行

亚投行是政府间性质的亚洲区域多边开发机构,也是全球首个由中国倡议设立的多边金融机构。亚投行重点支持基础设施建设,成立宗旨是促进亚洲区域的建设互联互通化和经济一体化的进程,并且加强中国及其他亚洲国家和地区的合作。2015年12月25日,亚投行正式成立,总部设在北京。2016年1月,亚投行正式开业。截至2018年6月,亚投行批准项目总额达到53亿美元。

亚投行意向创始成员确定为57个,其中域内成员37个、域外成员20个。法定资本1000亿美元,中国出资50%,为最大股东。治理结构分理事会、董事会、管理层三层。理事会是最高决策机构,每个成员在亚投行有正、副理事各一名。亚投行2016年开业运营时共有57名创始成员。随后,在2017年3月、5月、7月和12月,先后进行了四次扩容,批准了27个成员的加入申请,包括比利时、加拿大、匈牙利、爱尔兰、阿富汗、希腊、智利、阿根廷等多个国家。随着亚投行成员从57个增加至84个,其覆盖范围也从亚洲延伸至全球。

亚投行是首个由中国倡议设立的多边金融机构,能够服务并推动亚洲区域建设的互联互通,以及亚洲地区经济一体化进程,进而加强中国与亚洲其他国家和地区的合作。

从成员上讲,亚投行的成员以发展中国家为主,这一点与发达国家倡

"一带一路"金融服务简述

导的多边机构有显著差别。亚投行在项目贷款的标准上，也并没有照搬所谓的"最佳实践经验"，而是将贷款标准适当放低，针对发展中国家进行设计，为急需支持的项目提供融资支持。

从功能上讲，亚投行是"一带一路"倡议下亚欧经济整合的有力金融支撑。显然，在多边框架下开展这一工作具有十分明显的优势，也是符合包括中国在内的各方利益的最优选择。亚投行作为政府间区域开发机构，按多边开发银行的模式和原则运营，最重要的功能和使命就是支持亚洲地区基础设施建设。通过与其他多边和双边开发机构开展密切合作，亚投行能够推动在基础设施等多个领域的投资，强化地区合作，有力促进亚洲经济乃至世界经济的可持续发展。

从效果上讲，亚投行是世界经济增长的全新动力引擎。通过大力推动发展中国家和新兴经济体的基础设施建设，亚投行与多个国际金融组织共同支持"一带一路"基础设施互联互通建设，解决亚洲和其他区域国家的融资困难，为"一带一路"沿线国家提供投融资支持，为各国创造更多贸易投资机会。中国将通过亚投行，充分发挥自身丰富的基础设施建设经验以及技术、人才优势，立足亚洲，服务全球，推动区域经济一体化，推进亚洲乃至全球经济可持续增长。

从意义上讲，亚投行是"一带一路"倡议对国际金融体系的完善与创新。"一带一路"建设的实施需要聆听多方声音，顾及"一带一路"沿线国家的利益，亚投行建立起来的多边融资框架事实上是一个供各成员沟通、协商的平台。它不仅有利于最大限度地凝聚共识、消除分歧，将"一带一路"的具体项目落到实处，更有利于在国际金融体系中形成代表广大发展中国家的中坚力量，弥补现有国际金融体系忽视发展中国家的缺陷。促进亚投行这一国际发展融资体系新成员与国际货币基金组织和世界银行等现有国际金融组织积极开展合作，可以有力推动现有国际金融体系的完善。[①]

要实现这些使命，首先，亚投行要以开放的姿态提高成员来源的广泛

---

① 王达. 亚投行的中国考量与现实意义 [J]. 东北亚论坛，2015 (3).

性，特别是邀请区域外的发达国家参与筹建。虽然中国的资本实力日趋雄厚，但中国在对外投资特别是国际发展融资领域仍缺乏相关经验，人力资源储备、对国际金融规则的熟悉程度等诸多方面仍有所欠缺。为此，在多边框架下，邀请经验丰富的区域外发达国家参与亚投行筹建，有利于中国吸收和借鉴丰富经验，提高亚投行的操作水准和国际形象。其次，亚投行透明、开放的多边框架有利于消除和化解国际社会对中国的无端猜忌，从而最大限度地争取国际社会的理解和认同。

亚投行与现有国际机构和组织的合作成果颇丰。仅2016年、2017年，亚投行就已经与其他多边开发银行以联合融资的方式完成了16个项目，其中与世界银行合作8个，与IFC合作3个，与亚开行合作3个，与欧洲投资银行、欧洲复兴开发银行联合融资项目各1个，与伊斯兰世界最大的发展机构伊斯兰开发银行（IDB）建立了合作伙伴关系。

截至2017年12月，亚投行已开展24个投资项目，项目贷款总额为42亿美元，主要涉及能源、交通、城市基础设施等领域。这些项目都位于亚洲，包括菲律宾、印度、巴基斯坦、孟加拉国、缅甸、印度尼西亚等国，内容涉及贫民窟改造、防洪、天然气基础设施建设、高速公路/乡村道路、宽带网络、电力系统等方面。

2017年12月11日，亚投行公布首个对中国的投资项目，批准2.5亿美元贷款用于"北京空气质量改善和煤改气"项目。亚投行表示，该项目覆盖大约510个村，连接大约21.7万户家庭的天然气输送管网等工程，能有效降低北京地区的空气可悬浮细颗粒物浓度、减少碳排放、减少煤炭消耗，从而改善北京地区空气质量和环境质量。

此外，亚投行连获三大国际评级机构最高信用评级。2017年6月29日，三大国际评级机构之一穆迪发布公告，给予亚投行Aaa的信用评级，评级展望为"稳定"。这是穆迪评级标准里的最高级别。穆迪表示，该评级是对亚投行当前和未来信用状况进行整体评估后得出的，给予亚投行最高信用评级主要是考虑到其稳固的治理架构，包括风险管理政策、资本充足水平和流动性等因素。在随后的一个月里，亚投行又接连被惠誉和标普给予最高评级。亚投行司库瑟伦·埃尔贝克在接受采访时对此评论说:"这一评级对我们在国际资本市场的地位至关重要。它把我们同世界银行和国际货币基金组织放在同一水平上。"

二、 金砖国家开发银行

2014年7月15日,金砖五国(巴西、俄罗斯、印度、中国、南非)领导人在巴西签署协议,共同宣布成立金砖国家开发银行,亦称"金砖银行"。

从成员上讲,金砖国家开发银行是一个政府间合作的多边开发性金融机构,由金砖五国作为创始国发起设立。金砖国家开发银行不会由任何一个国家控制。金砖国家开发银行中,五个国家各自占了20%的投票权,没有哪个国家占主导,没有哪个国家能够一票否决其他国家的决定。

在中国首倡下,金砖五国还成立了"金砖应急储备安排"基金,旨在向陷入突发经济金融危机、国际收支困难的金砖国家提供流动性支持,帮助纾困,进行援助。该基金一共1000亿美元,其中中国提供410亿美元,俄罗斯、巴西和印度分别提供180亿美元,南非提供其余的50亿美元。

从功能上讲,金砖国家开发银行旨在为金砖国家以及其他新兴经济体和发展中国家的基础设施建设与可持续发展项目提供资金。目前,金砖国家在国际舞台上发挥着日益重要的作用,已成为推动国际金融合作机制的建设者和重塑国际金融秩序的新生力量。金砖国家开发银行不只面向五个金砖国家,而是面向全部发展中国家,为其基础设施建设和可持续发展项目筹措资金、提供贷款、助力建设。作为金砖成员国,可在一定条件下获得优先贷款权。据世界银行测算,发展中国家在基础设施建设上的资金缺口高达1万亿美元,而传统的多边开发机构只能提供大约40%的融资。融资缺口需要金砖国家开发银行、亚投行等新型金融平台与传统多边组织合作共同弥补。

从意义上讲,金砖国家开发银行能解决金砖国家短期金融危机,促进发展中国家基础设施建设,彰显中国的大国责任,重塑完善全球金融治理体系。

2008年国际金融危机以来,美国金融政策变动经常导致国际金融市场资金的波动,对新兴市场国家的币值稳定造成很大影响。金砖国家开发银行作为一个资金来源,有助于避免成员国在下一轮金融危机中受到货币大幅波动的影响,并将简化金砖国家间的结算与贷款业务,从而减少对美元和欧元的依赖。

中国推动设立金砖国家开发银行,为金砖国家和广大发展中国家的建设做贡献,彰显了中国的大国责任。中国一直致力于将金砖组织打造成促进南南合作的平台,通过全方位合作对话机制,就重大国际地区事务共同发声,同时推动发达国家履行支持承诺,带动其他发展中国家走可持续发展道路、参与全球治理。

尽管从规模和影响力上看,金砖国家开发银行在短期内对既有体系只能起到补充作用,但它通过两条途径对既有体系产生的间接影响却是不可低估的:一是通过竞争和"用脚投票"的机制督促和激励既有多边机构朝着发展中国家希望的方向改革;二是直接与既有多边机构展开机构层面的对话与合作,对发展中国家和发达国家在既有多边机构内部的对话合作机制形成补充。从这一意义上讲,金砖国家开发银行能起到呼唤重塑全球金融治理体系的作用。金砖国家开发银行是在现有全球金融治理体系不能及时作出调整以适应世界经济新格局的时代背景下成立的,是以新兴市场为代表的发展中国家在既有全球金融治理体系改革不力的情况下寻求外围突破的结果。[①]

目前,金砖国家广泛参与全球资本有效配置,国际辐射影响正逐步扩大,对全球经济企稳回升发挥着日益强大的作用。同时,金砖国家中的巴西、南非、俄罗斯、印度和广泛的发展中国家基础设施缺口很大,需要共同的资金合作。金砖国家开发银行不只面向五个金砖国家,而是面向全部

---

① 潘庆中,李稻葵,冯明. 新开发银行"新"在何处 [EB/OL]. [2015 - 10 - 19]. http://opinion.hexun.com/2015 - 10 - 19/179931248.html.

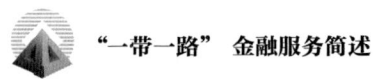

发展中国家,为其基础设施建设和可持续发展项目筹措资金、提供贷款、助力建设。金砖国家目前已有的成果如表5-9所示。

表5-9　　　　　　　　金砖国家开发银行现有成果

序号	国家	贷款金额	贷款性质	目标领域
1	印度	2.5亿美元	主权	可再生能源
2	中国	5.25亿元人民币	主权	可再生能源
3	巴西	3亿美元	非主权	可再生能源
4	南非	1.8亿美元	主权	可再生能源
5	俄罗斯	1亿美元	非主权	可再生能源
6	印度	3.5亿美元	主权	道路升级
7	中国	20亿元人民币	主权	可再生能源
8	中国	20亿元人民币	主权	水、卫生、环境
9	中国	2亿美元	主权	节能
10	印度	4.7亿美元	主权	水、卫生
11	俄罗斯	4.6亿美元	主权	基础设施建设
12	印度	3.45亿美元	主权	农业、灌溉
13	俄罗斯	6.88亿美元	主权	交通
14	俄罗斯	3.2亿美元	主权	水、卫生、可持续发展
15	俄罗斯	2.2亿美元	主权	城市基建、可持续发展
16	南非	2亿美元	非主权	交通基建
17	巴西	5000万美元	主权	可持续基建、城市发展
18	巴西	7100万美元	主权	可持续基建、交通
19	中国	3亿美元	主权	可持续基建、城市建设
20	印度	3.5亿美元	主权	可持续基建、交通
21	中国	3亿美元	主权	可持续基建、城市交通
22	南非	3亿美元	非主权	清洁能源、可持续发展
23	巴西	2亿美元	非主权	可持续基建
24	印度	1.75亿美元	主权	交通基建
25	印度	3.5亿美元	主权	交通基建
26	俄罗斯	3亿美元	非主权	可持续基建

金砖国家开发银行合作的国际机构或组织见表5-10。

表 5-10　　　　金砖国家开发银行合作的国际机构或组织
(已签署谅解备忘录或合作协议)

类型	名称	时间
多边机构	美洲开发银行	2018 年 4 月
	欧洲复兴开发银行	2017 年 4 月
	欧洲投资银行	2017 年 4 月
	亚洲基础设施投资银行	2017 年 4 月
	欧亚开发银行	2017 年 4 月
	国际投资银行	2017 年 4 月
	拉美发展银行	2016 年 9 月
	世界银行	2016 年 9 月
	亚洲开发银行	2016 年 8 月
国际发展银行	南亚发展银行	2018 年 5 月
	中国国家开发银行	2017 年 9 月
	金砖四国银行间合作机制	2016 年 10 月
	巴西国家开发银行	2015 年 9 月
企业	俄罗斯铁路公司	2017 年 9 月
商业银行	印度国家银行	2018 年 5 月
	西班牙国际银行	2018 年 1 月
	中国工商银行	2017 年 9 月
	中国农业银行	2017 年 9 月
	中国交通银行	2016 年 10 月
	南非标准银行	2016 年 8 月
	中国建设银行	2016 年 6 月
	印度工业信贷投资银行	2016 年 5 月
	中国银行	2016 年 1 月

三、亚金协

2017 年 7 月 24 日，亚金协在北京成立，由来自亚洲、欧洲、美洲 12 个国家和地区的 38 家有影响力的金融机构共同发起。亚金协的最初设想源

"一带一路" 金融服务简述

于习近平主席在2015年博鳌亚洲论坛年会上提出的"搭建亚洲金融机构交流合作平台"提议。此后,李克强总理多次在国际交流中提出成立亚金协的倡议,并得到了亚洲以及世界其他地区金融机构的积极响应与大力支持。

从成员上讲,亚金协主要由亚洲金融相关机构自愿结成。亚金协作为区域性国际非政府、非营利性社会组织,与国际金融协会(Institute of International Finance,IIF)即目前世界上影响巨大的国际金融非政府组织存在很多相似点。首先,亚金协的会员单位均为金融机构或者其他非金融实体,其中来自亚洲地区的会员数量超过了会员总数的4/5,会员的地理范围已涵盖世界五大洲。其次,亚金协最终采用非政府组织形式,而不是目前金融合作领域主流的政府间合作组织或机制的形式,主要出于两点考虑:众多的政治因素考量将阻碍政府间国际组织的正常运作及其作用的发挥,"一带一路"沿线等区域内的国际政治局势复杂。在复杂的背景下,亚金协的非政府组织性质使其政治敏感度更低,有利于缓和区域金融合作的政治争端,从而最大限度地推动金融合作的开展。

亚金协将有助于促进区域金融协调互联与沟通。目前,"一带一路"沿线金融机构数量众多且性质各异,亚投行、丝路基金以及众多非政府金融机构均能为"一带一路"建设提供各项支持,其中大量重要金融机构尚未成为亚金协会员。亚金协在未来可以以论坛或者其他形式,定期或者不定期地邀请尚未成为其会员单位的国际开发机构、商业或政策性银行、基金、保险公司等各类金融机构进行沟通交流。

亚金协将有助于协调制定区域内的金融标准与金融规范。亚金协拥有数量众多且范围广泛的会员,能够在区域金融规则或标准的制定上发挥重要作用。区域金融市场的金融基础设施建设,包括支付结算体系、法律体系等金融运行的监管规则和制度安排,有待进一步整合。因此,未来亚金协出台约束其会员的区域金融市场规则、会计准则、财税制度等各项规则,能够推动区域金融市场基础设施的建立与完善。同时,这些自律性的规范通常标准较高,能够作为国际金融规则的有效补充,有利于维护金融市场稳定。

亚金协将有助于优化区域内的金融产品与服务。亚金协构建了区域沟通平台，进而可以协调区域金融机构形成合力，推出公共金融产品或共享服务，通过推动区域市场发展，维护区域金融稳定，最终服务"一带一路"建设。具体而言，作为金融机构间的沟通合作平台，亚金协可以协调其会员单位甚至非会员单位，联合推出"一带一路"债券、中期票据等与"一带一路"项目融资相关的金融产品，丰富区域金融产品的类型与数量。

亚金协与现有国际机构或组织的合作。截至2018年7月，亚金协的会员机构达109家，分别来自五大洲25个国家和地区，另外还有17家机构在履行申请入会程序，30家机构表达了入会意愿。具体来看，会员的机构类型已涵盖银行、保险、基金、资产管理等领域，以及伦敦金融城、阿布扎比、阿斯塔纳等具有政府背景的国际金融中心。各机构在所属国家、地区具有较强的市场影响力，也在所属金融领域具有充分的行业代表性。

亚金协已参与举办或出席20余场国际金融经济论坛。其中，亚金协与匈牙利中央银行、匈牙利银行业协会联合举办的首届年度主论坛"亚金协·中东欧金融前沿问题高峰论坛"，吸引了匈牙利总理、中央银行行长、国家经济部长以及来自20多个国家和地区的260余名国际金融机构代表出席。亚金协与匈牙利银行业协会在论坛举办期间签署了《推进亚欧金融合作意向书》，就共同推进亚欧金融合作达成一致意向，该意向书列入第六次中国—中东欧国家领导人会晤成果清单。2018年9月10日，亚金协2018年度主论坛在日本东京举行。

四、丝路基金

2014年11月8日，习近平主席宣布，中国将出资400亿美元成立丝路基金，并宣布丝路基金的使命是为"一带一路"沿线国家基础设施建设、资源开发、产业合作等相关项目提供融资。

从投资对象上讲，丝路基金以"一带一路"沿线发展中国家为主要投资对象。这一点与发达国家的资金投资对象有明显差别。据2017年5月国际货币基金组织时任总裁拉加德披露，全球机构管理总资产规模高达120

万亿美元，不过其中只有屈指可数的一小部分投向了发展中国家的基建项目，可能是因为发达国家投资机构认为这些项目的风险过大。2016年新兴经济体和发展中国家获得的净投资额还不足其GDP总和的1%，较2008年国际金融危机期间下降了2%。

从功能上讲，丝路基金带动境内外社会资本为"一带一路"国家提供融资支持。截至2017年末，丝路基金已签约17个项目，承诺投资金额累计约70亿美元，支持项目涉及总投资金额800亿美元。丝路基金的投资金额也将随着"一带一路"倡议的不断发展而继续增加。最初的1000亿元人民币注册资本将帮助丝路基金发掘更多的国际优质项目投资机会，进一步撬动更多的民间资源。目前数据显示，丝路基金参与的项目总投资额将超过800亿美元，这一数据充分显现出丝路基金强大的带动作用。

在2017年5月14~15日举办的"一带一路"国际合作高峰论坛上，国家主席习近平宣布中国将加大对"一带一路"建设的资金支持，向丝路基金新增资金1000亿元人民币。这意味着丝路基金在前期的工作中已经取得了进展，需要吸收更多的资金为未来的项目提供融资服务。

从意义上讲，丝路基金促进"一带一路"国家发展，助力人民币国际化。丝路基金秉承"开放包容、互利共赢"的理念，重点致力于为"一带一路"框架内的经贸合作和双边多边互联互通提供融资支持，与境内机构一道，促进中国与"一带一路"国家和地区实现共同发展、共同繁荣。

此外，丝路基金新增的1000亿元是人民币而非美元，可借助"一带一路"的契机推动人民币国际化，提升人民币的国际地位。丝路基金成立时的注册资金为615.25亿元人民币，折合成美元刚好是100亿美元，可见是要采用一个整百大数，毕竟当时人民币的国际影响力还不强。此次新增的人民币资金是整千大数，折合美元显得零散，这很可能意味着要通过人民币来投资"一带一路"[1]。

---

[1] 宋清辉. 丝路基金和亚投行助力 "一带一路" [N/OL]. 证券时报，[2017－05－20]，http://opinion.hexun.com/2017－05－20/189268794.html.

丝路基金与现有国际机构或组织的合作。丝路基金已探索与国际金融公司、欧洲投资银行、欧洲复兴开发银行等多边金融机构和平台开展合作，已与 30 多个国家（地区）政府部门和 20 多个国家驻华使领馆、代表处建立工作联络机制，并与国内外金融机构和重点行业中的领先企业建立稳固的合作伙伴关系。

2018 年 6 月，丝路基金与哈萨克斯坦阿斯塔纳国际金融中心签署了战略合作伙伴备忘录，并与阿斯塔纳国际交易所签署了框架协议，认购了阿斯塔纳国际交易所部分股权。此次合作大力推动了"一带一路"建设与哈萨克斯坦"光明之路"新经济政策的进一步对接。

2017 年 11 月，丝路基金与美国通用电气合作，签署了能源基础设施联合投资平台合作协议，包括"一带一路"国家和地区的电力电网、新能源、油气等领域基础设施项目。该项合作一方面能够加强中美两国企业在高端制造业领域的合作，另一方面能够发挥中美企业各自的比较优势，共同促进区域发展。

五、其他合作平台

为推动中国—中东欧"16+1"合作框架下的多边金融合作，中国国家开发银行与中东欧金融机构共同发起了中国—中东欧银联体，下设理事会、高官会和秘书处。

从成员方面讲，中国—中东欧银联体共有 14 家成员行，均为各国政府控股的政策性银行、开发性金融机构和商业银行，包括中国国家开发银行、匈牙利开发银行、捷克出口银行、斯洛伐克进出口银行、克罗地亚复兴开发银行、保加利亚发展银行、罗马尼亚进出口银行、塞尔维亚邮储银行、斯洛文尼亚出口发展银行、波黑塞族共和国投资开发银行、马其顿发展促进银行、黑山投资发展基金、拉脱维亚 ALTUM 金融公司和立陶宛公共投资发展署。

从功能意义上讲，各成员行通过建立有效的沟通合作机制，共同为中国—中东欧国家合作重点项目提供投融资支持，以优质金融服务促进中国与中东欧国家经济社会发展，提高各国人民福祉。各成员行按照"自主经营、独立决策、风险自担"的原则，开展项目融资、同业授信、规划咨询、培训交流、高层对话、政策沟通、信息共享等领域合作，并配合开展中国—中东欧国家合作机制项下其他相关工作。

从现有成果上看，中国国家开发银行将在五年内向银联体成员行提供总额度为 20 亿欧元等值的开发性金融合作贷款，用于中国国家开发银行与其他银联体成员行和未来观察员行开展同业合作，共同支持中国和中东欧国家企业参与的中东欧国家基础设施、电力、电信、园区、农业、中小企业、高新科技等领域的项目投资建设。

第三节　加快推动"一带一路"人民币国际化进程，构建多元化国际货币体系

一、人民币国际化的内涵与现状

人民币国际化是指人民币能够跨越国界，在境外流通，成为国际上普遍认可的计价、结算及储备货币的过程。人民币国际化的含义包括三个方面：一是人民币现金在境外享有一定的流通度；二是以人民币计价的金融产品成为国际各主要金融机构包括中央银行的投资工具，以人民币计价的金融市场规模不断扩大；三是以人民币结算的交易在国际贸易中达到一定的比重。这是衡量货币包括人民币国际化的通用标准，尤以最后两点最为重要。

中国人民银行行长易纲在 2018 年表示，人民币国际化是一个"市场驱动，水到渠成"的过程。人民币国际化可以节约交易成本，节约货币错配的成本，对冲货币错配的风险这一进程主要由市场驱动。2008 年国际金融危机暴露了以美元为主导的国际货币体系的脆弱性。重新构建国际货币体系，实现多元化的货币体系格局，是包括中国在内的大多数国家的共同

愿望。

衡量人民币国际化程度时,人民币国际化指数(RII)是一个常用指标。中国银行发布的 2017 年第二季度离岸人民币指数(ORI)为 1.19%,处于总体上升的趋势,可以看出人民币国际化势头迅猛。从 2009 年跨境贸易人民币结算业务试点开始,人民币国际化在跨境贸易结算、双边货币互换、资本项目开放、人民币离岸市场建设等方面取得了较大进展。

人民币在全球货币体系中的地位仍然稳固。2016 年 10 月 1 日,人民币正式加入特别提款权(SDR)货币篮子,成为人民币国际化道路上的里程碑事件。据 SWIFT 统计,2016 年 12 月,人民币成为全球第六大支付货币,市场占有率为 1.68%。2017 年 3 月,国际货币基金组织发布"官方外汇储备货币构成"报告,首次单独列出人民币。截至 2017 年末,人民币全球外汇储备规模达 1228 亿美元,占 1.23%。

人民币国际合作成效显著。截至 2018 年 3 月末,中国人民银行与 36 个国家和地区的中央银行或货币当局签署了双边本币互换协议,协议总金额超过 3.3 万亿元人民币。截至 2016 年末,中国人民银行在 23 个国家和地区建立了人民币清算安排,覆盖东南亚、欧洲、中东、美洲、大洋洲和非洲等地,便利境外主体持有和使用人民币。①

人民币跨境基础设施进一步完善。人民币跨境支付系统(CIPS)系统建设和直接参与者进一步扩容。人民币跨境收付信息管理系统(RCPMIS)业务规则进一步规范和完善。截至 2018 年 3 月末,CIPS 共有 31 家境内外直接参与者、695 家境内外间接参与者,实际业务范围已延伸到 148 个国家和地区。2018 年 5 月 2 日,人民币跨境支付系统(二期)全面投产,系统运行时间覆盖全球各时区金融市场,以更好地满足全球日益增长的人民币需求。②

---

① 央行发布《2017 人民币国际化报告》[EB/OL]. http://baijiahao.baidu.com/s?id=1581681844322216077&wfr=spider&for=pc.
② 速读《人民币国际化报告(2017 年)》(概况、改革、趋势、大事记)[EB/OL].[2017-10-20]. http://mt.sohu.com/20171020/n518796792.shtml.

二、"一带一路"是人民币国际化的重大机遇

"一带一路"为人民币国际化提供了新的契机,在贸易与投资结算、跨境融资等领域将催生更广泛的人民币跨境使用需求,助推人民币在基础设施投融资、大宗商品计价结算及电子商务计价结算等方面的职能突破,加速人民币国际化进程。此外,在"一带一路"中,人民币国际化的推动必须遵循市场规律,其发展速度从根本上取决于中国的经济实力和贸易投资的自然带动,而非人民币在对外融资、海外投资中的强制绑定。[①]

"一带一路"建设有助于推动人民币国际化动力升级,助推人民币国际化模式突破。得益于中国作为贸易大国的优势,跨境贸易一直是人民币国际化进程的主导动力。"一带一路"建设资金需求巨大,而巨大的资金需求需要长期稳定的资金投入,这有利于人民币在资本项目下对外输出,并在经常项目下通过跨境贸易形成回流。从"一带一路"沿线的新兴市场国家开始,推动人民币国际化从跨境贸易主导向资本输出主导转型。尽管人民币国际化是从贸易结算开始的,但投资将成为未来人民币国际化的重要推动力,为人民币国际化的加速推进注入新活力。[②]

具体来看,境外居民和机构持续增持人民币资产,对中国来说是一种"负债型"和经常项为主的人民币国际化。这种初级阶段的人民币国际化模式对人民币升值预期的依赖程度较高,长久来看难以持续。在美元升值、人民币贬值的预期下,人民币融资的债务成本相对变低。尽管中国利率水平仍高于美国,但2014年11月以来,中央银行已连续六次降息,而且美联储步入加息周期,人民币融资成本相对变低,境外市场主体人民币融资意愿有望增强。因此,在"负债型"和经常项为主的人民币国际化步伐明显放缓情况下,"资产型"和资本项下人民币国际化正当其时。

---

① 谭小芬,徐慧伦,耿亚莹."一带一路"背景下的人民币国际化实施路径[EB/OL].[2017-11-10].http://www.sinotf.com/GB/News/1002/2017-11-10/2MMDAwMDI5MDc2Mg.html.

② 孟刚.以一带一路建设为契机推动人民币国际化[EB/OL].[2018-01-19].https://baijiahao.baidu.com/s?id=1590000817296733467&wfr=spider&for=pc.

2016年，中国对53个"一带一路"沿线国家直接投资145.3亿美元，占中国对外投资总额的8.5%。中国企业对相关的61个国家新签合同额达1260.3亿美元，增长36%，占同期中国对外承包工程新签合同额的51.6%。随着中国与"一带一路"沿线国家的贸易和投资往来的日益密切，人民币贸易圈和投资圈优势将逐步呈现出"网络效应"，相应的人民币对外直接投资和对外信贷需求将快速增长。这将为"资产型"和资本项下人民币国际化发展提供实体经济支撑。"一带一路"建设的资金需求巨大，据估计，仅基建投资总额就可能达6万亿美元左右。如果人民币对外投资和境外贷款占比能达到10%左右，那么未来五年，人民币境外投资和贷款将增加4万亿元左右。这将有力推动"资产型"和资本项下人民币国际化的发展，进而有助于实现人民币国际化发展模式的突破。

"一带一路"建设有助于推动形成"人民币区"，助推人民币国际化区域突破。最优货币区理论表明，在多国区域内形成最优货币区需要具备若干条件：生产要素流动、经济开放、金融市场一体化、产品多样化、贸易结构互补和政策协调等。人民币国际化的路径应当是周边化→区域化→国际化"三步走"的战略。其中，区域化是人民币国际化的重要一环。欧元国际化的成功，在很大程度上正是得益于其区域化的成功。目前，人民币周边化有了很大推进，正处于区域化发展的初期。

"一带一路"东连亚太经济圈、西接欧洲经济圈，能充分发挥桥梁和纽带作用，推动人民币"走出去"，为人民币在"一带一路"沿线国家和地区的使用奠定了基础，也为扩大人民币跨境需求提供了实体经济支撑，有助于夯实人民币区域化基础。随着"一带一路"建设不断推进，中国和"一带一路"沿线国家之间基础设施互联互通、投资和贸易合作不断深化、政策统筹协调能力不断增强，有助于推进区域经济一体化，激发国际社会对人民币资金的需求，推动双边或多边在贸易和投资便利化方面进行合作，扩大"一带一路"沿线国家双边本币互换规模，增强人民币的支付和结算功能，为"人民币区"的形成创造良好条件。

同时，"一带一路"的发展，向更广泛的领域开拓出人民币国际化发展

"一带一路"金融服务简述

的区域。例如,过去人民币国际化更多地关注西太平洋、东南亚等领域,在中亚等地区鲜有人民币业务交易,人民币国际化发展的推动力不足。随着"一带一路"的发展,中国在"一带一路"沿线国家的贸易得到快速发展,2017年,中国和"一带一路"沿线国家贸易额达到7.4万亿元人民币,占中国进出口贸易的26.6%,比2016年增长了17%。2017年以来,中国和中亚地区、西亚地区国家双边贸易增速基本都在20%以上,明显快于与其他地区的贸易增速。在贸易结算过程中,人民币在这些地区的需求和使用空间明显扩大,推动了人民币国际化的区域突破。

"一带一路"建设有助于推动增强人民币的国际货币投融资、计价、储备等职能,助推人民币国际化的职能突破。从国际货币的职能看,目前人民币主要充当跨境贸易结算货币及部分支付货币,但人民币作为计价货币和储备货币尚处于起步阶段。"一带一路"建设以贸易圈和投资圈为基础,在夯实跨境贸易结算货币基础的同时,将助推人民币计价货币和储备货币等国际货币职能的发展。

"一带一路"将推动人民币在国际基础设施建设投融资中成为主要货币。改善积弱的基础设施,修筑通往"富庶和繁荣之路",已成为沿线各国的共同愿望。据市场估计,沿线国家基建投资总规模或达6万亿美元。亚洲开发银行报告显示,到2030年,亚洲基建投资需求高达26万亿美元。中国拥有较高的基础设施建设水平,在基础设施建设投融资方面有着丰富的经验,形成了较为成熟的运作模式,有条件成为"一带一路"基础设施建设投融资体系的组织指导者和主要的资金供给者,通过政府援助、政策性贷款、商业贷款、直接投资及发行基础设施债券等方式,解决沿线国家的资金瓶颈问题,从而使人民币在沿线国家推广使用。通过亚投行、丝路基金等中国主导的金融机构,鼓励相关基础设施建设投融资项目优先使用人民币,有助于推动人民币发挥国际投融资货币的功能,使人民币在国际基础设施建设中逐渐占据一席之地。

"一带一路"建设将推动人民币成为大宗商品、电子商务计价货币。"一带一路"沿线国家大多是大宗商品主要出口国,而中国又是全球最大的大宗商品消费国。随着中国经济的稳步增长以及"一带一路"建设的深入推进,沿线国家与中国的经济依存度将进一步提高,可以说是天然地推进人民币计价的盟友和伙伴;而且,"一带一路"沿线国家的货币大都不是国际货币,这为人民币在这一区域内的使用提供了条件。中国与"一带一路"沿线国家之间的大宗商品贸易往来为人民币大宗商品计价提供了实体经济支撑。

近年来,中国跨境电商连续保持20%~30%的增长,跨境电商在进出口总额中所占份额快速上升。据估计,2016年中国跨境电商进出口贸易额达6.3万亿元,占中国进出口贸易的比重超过20%。不少"一带一路"沿线国家地处欧亚大陆的交通要道,这是各跨境电商"物流运输"的必经之地。跨境电子商务可在批发和零售两个渠道同时推动人民币的国际使用。阿里巴巴、支付宝等许多互联网企业在沿线国家已经具有较高的渗透率,正加速在"一带一路"沿线的布局。未来,"一带一路"可以成为人民币计价跨境电子商务的重点推进区域。

"一带一路"建设将推动人民币成为储备货币。借助"一带一路"的平台,我国积极通过政府援助、政策性贷款、混合贷款和基础设施债券发行等方式来解决沿线国家基础设施建设的资金瓶颈问题,这一过程使人民币的使用得以推广,为人民币国际化奠定了基础。印度尼西亚总统佐科2016年12月在百名经济学者讲座会上说:"社会大众最好能另选其他国际储备货币作为与盾币兑换价值的准绳,其中一个可以选择的就是中国人民币。特朗普上台之后,许多货币包括印度尼西亚盾在内,与美元的兑换率出现或多或少的下降。我国对美国的出口价值也只有出口总额的10%,我认为美元不再是对我国经济最适当的外汇标准了。"这从侧面显示了部分"一带一路"沿线国家的货币选择意愿。近年来,马来西亚、俄罗斯、菲律宾、尼日利亚等国已将人民币作为外汇储备的一部分,还有更多国家的中央银行表示愿意持有人民币。人民币在"一带一路"相关国家间的流通和使用,形成了闭环流转,风险低,成本低,必将给沿线各国带来很多的便利和优惠。随着中国与"一带一路"沿线国家贸易圈和投资圈的不断扩大,人民币在这一区域的接受程度、使用程度和流通程度将不断提高,国际影响力将不断扩大,从而为人民币国际化开辟重要路径。

三、"一带一路"背景下人民币国际化的作用与意义

人民币国际化将通过制度化资金融通、便利化贸易结算、降低交易成本和汇率风险等途径为"一带一路"建设提供支持和保障。通过人民币国际化助力中国企业海外资源配置,可以更好地促进"一带一路"沿线国家的经济增长,从而共享发展成果。

(一)人民币国际化有力保障"一带一路"建设中的资金融通

"一带一路"建设需要规模巨大且期限较长的资金支持,在人民币国际化程度偏低、境外清算网络布局尚不完善的条件下,人民币跨境流动存在诸多不便,因此,尽管"一带一路"相关国家普遍欠缺资金,但人民币融资对其吸引力不强。随着人民币国际化程度的提高,人民币将充分发挥其国际投融资货币功能,使用人民币对相关国家进行融资将会顺理成章。随着境内金融市场的不断发展和完善,人民币信贷和债券等融资业务将会得到长足发展。理论上,中国以人民币进行融资拥有强大的经济基础和金融实力,资金供给将会保持充裕状态。

(二)人民币国际化便利中国与"一带一路"沿线国家的贸易结算

"一带一路"沿线有60多个国家,其人口达44亿人,GDP规模达23万亿美元,占世界人口的63%,占全球GDP的29%,贸易总量占全球的1/4。2016年,中国与"一带一路"沿线国家贸易总额为9536亿美元,占中国与全球贸易额的25.7%。2017年第一季度,中国与"一带一路"沿线国家货物贸易增长26%。人民币国际化程度的提高,将使人民币作为相关国家之间贸易计价和结算货币的角色进一步得到国际经贸活动的认可,有利于降低各国对华贸易成本,便利贸易结算,带来贸易效率的提升,从而进一步活跃和提升"一带一路"沿线国家的贸易活动。

(三) 人民币国际化有助于相关国家企业规避汇率风险,降低交易成本

"一带一路"沿线国家多为资源出口国,部分经济体严重依赖出口,特别是大宗商品出口。但当前大宗商品主要以美元计价,在世界经济复苏缓慢、需求不振的背景下,大宗商品价格持续低迷短期内难有扭转,美元走强更是雪上加霜,使大宗商品经常面临价格波动和汇率波动风险。如果大宗商品贸易以人民币计价结算,沿线国家可以有效规避美元计价产生的汇率风险,减少对美元的依赖,维护金融稳定。使用人民币进行计价、结算和交易,避免了多次汇率兑换,必将相应降低交易成本。

四、进一步推动人民币国际化的建议

鉴于"一带一路"背景的独特性,中国在人民币国际化的过程中不仅将迎来金融体系不够发达、利率和汇率市场化尚未完成、资本账户开放有待推进和既有国际货币的历史惯性等挑战,而且还将面临来自沿线国家的政治风险、经营风险和环境风险等特殊因素。虽然"一带一路"有助于推动人民币区域化的实现,但这一突破不仅需要借助于金融机构和金融基础设施的完善,而且有赖于国内外各类以人民币计价资产市场的建设,大力发挥人民币的计价和储备职能,从而完成人民币国际化进程中的关键突破。

以"一带一路"信贷还款助推人民币国际化。自"一带一路"倡议提出以来,以中资银行、丝路基金、中资投资公司等机构为主,中国已经向"一带一路"国家提供了大量资金、信贷支持。美国在实施"欧洲复兴计划"过程中,要求接受美国美元借款的国家必须用美元来购买美国的援欧物资,所有受援国应对美国在关税、贸易限制和国内市场方面给予一定的优惠贷款,各国还本付息应该使用美元,这一举措帮助美国打开了欧洲市场,为美元国际化的迅速发展奠定了坚实的基础。在为"一带一路"建设提供信贷融资的过程中,建议中方要求接受中资金融机构资本支持、信贷服务的国家在还款时尽可能用人民币还款,在考虑项目建设的时候优先考

"一带一路" 金融服务简述

虑中国建设工程团队,对中国在关税、贸易方面给予一定的优惠。中资金融机构在提供信贷或金融资本支持时也尽可能使用人民币资金,这将极大地助推人民币国际结算、计价和储备职能的实现。

稳步推进资本和金融账户开放,拓宽人民币双向流动渠道。资本和金融账户开放旨在实现资本项下的人民币双向自由流动和交易,是推动人民币国际化向更高级阶段发展的重要步骤。以资本项下的人民币输出与回流推进人民币国际化,既是满足市场需求的顺势之举,也具备了一定的基础和条件,同时有助于将风险控制在一定程度之内。可以通过打通离岸、在岸市场,满足境外人民币资产投资国内市场进行保值增值的需求;进一步放开境外人民币资金投资境内金融市场的渠道,有效扩大人民币回流的路径。特别是在当前资金外流压力较大的情况下,可以顺势加快推出上述相关举措,既有助于缓解资金外流压力,也为人民币国际化提供了良好支撑。

大力发展境内外人民币债券市场,满足全球人民币资产配置和避险需求。由于"一带一路"需要大规模、可持续、多元化、国际化的资金融通作为支撑,支持"一带一路"的债券,尤其是境外发行人在境内发行的人民币债券(熊猫债),势必在监管的推动下大量发行。美国正是以其成熟、庞大且高度开放的债券市场,为外国投资者的资产配置和避险需求提供了重要场所,也成为美元长期以来作为全球最主要国际货币的重要基础和保障。一个面向全球发行和交易,更具深度、广度和开放度的人民币债券市场不仅将有利于"一带一路"债权融资,也将满足投资者的人民币资产配置和避险需求,从而使人民币从计价货币向储备货币转变。成熟的债券市场对满足境外机构人民币资产配置需求和避险需求具有十分重要的意义,也有助于"一带一路"与人民币国际化的推进。①

加强"一带一路"沿线国家人民币离岸中心建设,优化离岸市场布局。继续推动离岸人民币市场,优化和扩大人民币离岸中心的布局,从而为"一

---

① 谭小芬,徐慧伦,耿亚莹."一带一路"背景下的人民币国际化实施路径 [EB/OL]. [2017 - 11 - 10]. http://www.sinotf.com/GB/News/1002/2017 - 11 - 10/2MMDAwMDI5MDc2Mg.html.

带一路"建设项目提供各种专业的项目融资和风险管理等服务,并且能够推动防范和识别金融、法律、环境、市场等方面的风险。目前,人民币离岸中心主要在中国香港、新加坡、韩国首尔等亚洲地区,布局有待进一步扩大和优化。随着"一带一路"倡议的实施推进,资本流动和金融需求必将推动中亚、南亚、中东地区等"一带一路"沿线国家出现新的人民币离岸市场。提前考量,前瞻布局,建议选择与中国经贸往来密切、金融市场比较发达、影响力和辐射力相对较强的区域中心城市,稳健打造人民币离岸中心,进一步优化离岸市场布局,例如可适时考虑在曼谷、孟买、阿斯塔纳、卡塔尔、开罗等地推进人民币离岸市场建设。

积极构建人民币计价和结算的大宗商品交易市场。大宗商品人民币计价结算是推动人民币实现计价功能和储备功能的重要抓手。"一带一路"沿线国家与中国的双边贸易中,能源、农业原材料和金属等大宗商品占比很大,若能实现人民币在这些市场的计价和结算,将对人民币国际化产生极大的推动意义。推动建立发展多层次的大宗商品市场,尤其是大宗商品人民币期货市场,将能够促进人民币获得在石油、天然气以及其他大宗商品期货上的定价权,而建立多层次大宗商品市场、推动大宗商品领域的人民币计价和结算具有良好的机遇。

以银行等金融机构国际化推进人民币国际化。从国际经验来看,一国货币走向世界需要以本国银行作为载体。第二次世界大战后,美元大规模流向欧洲和日本,美资银行也在这一过程中发挥了重要推动作用。因此,人民币国际化在很大程度上建立在银行国际化的基础之上,需要国际化的商业银行,特别是五大国有商业银行和较大的股份制银行的深度参与。商业银行作为"一带一路"的参与者和实践者,要进一步在"一带一路"沿线国家优化机构布局,在人民币国际化的过程中发挥积极作用,推进人民币与"一带一路"沿线国家货币的报价和直接交易,促进人民币用于沿线国家资产计价、纳入沿线国家储备货币,推进自贸区人民币跨境交易,主动创新人民币风险规避与资金增值产品,不断完善人民币资金清算渠道,

"一带一路"金融服务简述

构建更为畅通的人民币跨境流通机制,提升人民币使用的便利化程度。①

第四节 "一带一路"积极推动国际金融规则改革合作

一、"一带一路"与国际金融规则改革

习近平主席在 2017 年达沃斯论坛上的讲话中明确指出:"国家不分大小、强弱、贫富,都是国际社会平等成员,理应平等参与决策、享受权利、履行义务。要赋予新兴市场国家和发展中国家更多代表性和发言权。"

改革开放以来,随着中国综合国力和国际影响力的增长,中国金融机构在全球的各项排名也不断上升。"一带一路"倡议为以中国为代表的广大发展中国家主动参与国际金融规则的制定和改革提供了难得的契机。具体来看,绿色金融、普惠金融以及全球融资规则将成为"一带一路"推动新国际金融规则的有力切入点。

(一) 引领全球绿色金融规则发展

人类追求发展需求的无限性和地球资源供给的有限性是人类生存发展的一对主要矛盾。环境、资源的公共品性质,与"一带一路"建设倡导的"共商、共建、共享"理念不谋而合。金融作为社会资金配置的重要手段,是解决环境资源保护和经济发展间矛盾的有效工具。因此,通过"一带一路"推动绿色金融发展,是解决当年全球可持续发展问题的重要手段。

尽管国际社会在绿色可持续发展方面已经进行了诸多有益的尝试,但是从现有效果来看,全球绿色可持续发展面临的挑战依然十分严峻。在绿色可持续发展的国际合作中,由于缺乏协调和平等协商的国际治理体系,

---

① 推进人民币与"一带一路"沿线国家的互利 [EB/OL]. 中国证券报, 2015 - 04 - 27. http: // forex. cngold. org/c/2015 - 04 - 27/c3238770. html.

可持续发展面临"理论热,实践冷;口号响,行动慢"的局面。一方面,可持续发展已成为全球治理的重要议题,从 1972 年的《人类环境宣言》,到 1992 年的《联合国气候变化框架公约》,再到 2015 年的《巴黎协定》,全球可持续治理合作已经开展多年。另一方面,绿色可持续发展面临诸多现实问题,其中资金支持是各方面临的最大问题:一是宏观上资金缺乏,发展中国家实现绿色发展的成本越来越高;二是微观上,小微企业获得绿色融资较为困难。

未来,如何有效协调国与国、地区与地区之间的利益冲突,成为推进全球可持续发展的关键所在,以"共商、共建、共享"为原则的"一带一路"建设,能够平衡各方利益,无疑是解决上述矛盾的不二选择。具体来说,可从以下几个方面推动国际绿色金融规则的更新:

首先,创新金融产品。具体的金融产品是绿色金融从理念到实践的转化。一方面,不断推陈出新的金融产品可以满足"一带一路"绿色建设和绿色投资的需求;另一方面,大量的新型金融产品的出现客观上催生了新的金融规则的诞生,是现有国际绿色金融规则自我更新的内在动力。

其次,金融机构转型。金融机构是金融市场的活动主体,也是实践绿色金融的载体。金融机构将绿色可持续发展理念融入日常经营,将绿色投资和负责任投资理念引入"一带一路"建设过程,必然激发规则创新的需求。

最后,通过加强金融机构合作,为金融规则更新提供保障。"一带一路"建设离不开合作,新的国际绿色金融规则的制定更离不开所有金融机构以及国际组织的共同参与。通过"一带一路"建设的实施,带动各国绿色金融融合发展,形成高水平、深层次绿色金融对话和交流机制,是国际绿色金融规则顺利更新的外部保障。

(二) 带动全球普惠金融规则发展

当前国际通行的普惠金融体系,着眼点是提高金融服务的开放性和包容性,使在过去被排斥于金融服务之外的广大不富裕群体也能从金融体系

"一带一路"金融服务简述

中获益。

从普惠金融的视角来说，贫困和低收入客户对金融服务的需求决定着金融体系各个层面的行动：在微观层面，包括从民间借贷到商业银行在内的各类零售金融服务提供者直接服务中低收入人群；在中观层面，包括了基础性的金融设施和一系列能使金融服务提供者降低交易成本、扩大服务规模和深度以及提高技能、促进透明的要求，涵盖了大量的金融服务提供者和相关活动，如审计师、评级机构、专业业务网络、行业协会、征信机构、结算支付系统、信息技术、技术咨询服务以及培训等，这些服务实体可以是跨国界的地区性或全球性组织；在宏观层面，普惠金融要实现可持续性发展，需要各国的金融监管当局及其他政府部门制定适宜的法规和政策框架。

世界银行、国际货币基金组织及普惠金融全球合作伙伴（GPFI）是全球普惠金融规则主要规范的制定者。这些规范为各国金融机构在本国内发展普惠金融树立了范本，也成为这些国际组织考查和评价一国内部普惠金融发展状况的主要标尺。

虽然各国内部金融机构的普惠业务已经获得较大发展，但是对于如何评价一家金融机构在全球范围内的普惠金融发展情况，尚缺乏一定的考察机制。"一带一路"建设为各种类型的金融机构开展跨境业务搭建了平台，也在客观上对金融机构的跨境普惠金融业务规则制定提出了需求；反过来，跨境普惠金融业务的发展和规则的更新也反哺了各国内部相关领域的发展和进步。因此，可以说"一带一路"建设是新的普惠金融规则产生和更新的土壤。

1. 完善普惠金融相关定义，厘清普惠金融内涵。普惠金融的发展是一个渐进的动态过程，不同时期人们对普惠金融的理解也有所不同，从传统的公平理念、服务创新和社会责任，到数字普惠金融（Digital Financial Inclusion）概念的提出，普惠金融的内涵与时俱进，较好地适应了时代的发展和需求。"一带一路"对普惠金融内涵变化的影响，最为显著的是目标群体的确定。例如，对于中小企业（SME），世界银行的定义是只要满足雇员少于300人、资产少于1500万美元、年收入少于1500万美元（金融公司为贷款规模）中的任意两项条件，即为中小企业；而2011年6月18日由中国工信部联合其他部门印发的《关于印发中小企业划型标准规定的通知》，则是按照不同的行业来进行标准划分。定义上的分歧导致各国和国际组织对在"一带一路"建设中开展普惠金融工作缺乏相对公平的评价体系和合适的发展方向，亟须各国金融机构和相关组织加强合作，共同探讨相关问题。

2. 完善普惠金融相关指标，推动普惠金融数据治理。目前，国际上缺乏一个权威的指标来全面、适当地衡量各国普惠金融总体情况。推动普惠金融数据治理工作，首要任务在于加强对现有国际普惠金融指标体系和数据库的分析应用，重视国家间的比较，充分发挥指标的标尺作用，客观、科学地评估各国普惠金融的实际状况和相关政策实施效果。例如，GPFI、世界银行和国际货币基金组织均有关于人均服务可获得性的要求，对于中资银行来说，大范围地在境外开设网点既无必要也不现实，因此仅凭境外网点数量评估中资银行境外普惠金融工作的覆盖面并不客观，而应结合各国金融机构的实际情况，加大对网上银行、支付手段等指标的使用力度。

（三）促进全球反洗钱和反恐怖融资规则发展

目前，反洗钱已经覆盖经济、金融、法律、政治、外交、军事等诸多领域，部分国家已经将反洗钱提高到维护国家经济安全和国际政治稳定的战略高度，金融机构开展反洗钱、反恐怖融资工作责无旁贷。由于洗钱行为的跨国属性越发强烈，因此金融机构在为"一带一路"建设提供金融服务时，反洗钱压力更大，也更有动力和渠道推动更新相关领域的规则，促使反洗钱和反恐怖融资工作落到实处。

1. 加强政策对接，畅通合作机制。目前，以反洗钱金融行动特别工作组（Financial Action Task Force on Money Laundering，FATF）为代表的国际反洗钱专业组织的话语权日益增强，其发布的反洗钱标准已经成为反洗钱领域的国际标准，对各国的反洗钱工作都有重要影响。"一带一路"建设有大量融资需求，涉及的金融机构比较广泛，为保证"一带一路"建设金融服务的顺利开展，有必要就反洗钱在立法、司法和执法等方面加强国际合作，避免反洗钱沦为政治工具，成为各国开展金融合作的阻碍。

2. 加大研究力度，提高反洗钱工作的针对性。对于洗钱活动中出现的新手法、新技术、新趋势，金融机构要加大研究和沟通力度，同时探索建立健全反洗钱信息交换机制，完善交流渠道，针对反洗钱工作面临的具体问题提出相应的解决办法，并在取得共识的前提下将其上升为金融机构共同遵守的国际准则。

二、"一带一路"与国际技术规则对接

设施联通是"一带一路"建设"五通"的重要内容之一。中国通过国内大型复杂的工程建设积累了丰富的经验和能力，也为中国工程企业支持"一带一路"基础设施建设提供了强有力的工程力量。但与国际上广泛使用的发达国家技术标准（包括美标、英标、欧标、俄罗斯标准等）相比，中国的工程技术标准仍存在较大差距。

虽然从技术水平上来说，中国的技术能力并不低于国际先进水平，但中国的技术标准长期以来处于封闭状态，加上中国配套的工程咨询服务没有同步"走出去"，中国标准并没有在国际上得到广泛的认可，在国际工程项目中应用的比例很低。中国企业因对国际标准不熟悉而增加了建设成本，甚至承担了巨大的亏损，风险隐患较大，也不利于推动"一带一路"沿线国家的技术对接。

为推动中国技术标准与国际对接，可从以下几个方面着手：

1. 成立统一的技术标准机构。由中国工程技术标准主管部门牵头，成立中国统一的技术标准"国际化"管理机构，发挥制度优势，统一组织和协调相关政府部门、专业组织、企业等，共同推进标准的国际化，避免各自为战、浪费资源。

2. 引入标准与推动标准的"走出去"。借助国内外技术专家和翻译专家，对相关国际通用的主要技术标准进行遴选与同步翻译和引入，可以提高中国工程界对国际标准的熟悉度。推动中国工程技术标准"走出去"是

非常重要和有意义的工作,可以采用如下方法:
- 将中国成熟、先进的技术标准以外文文件形式在国际上发布
- 努力推动领先领域的工程技术标准"走出去"
- 境内外定期举办国际技术标准大会——示范、宣传中国标准
- 金融配合——银行贷款优先或只给采用中国标准的项目
- 科研专家或专业协会沿线讲学,宣传中国技术标准
- 互相交流,邀请沿线国家官员进行技术访问,了解中国标准
- 培养人才,形成国际工程咨询标准市场中的"中国声音"

三、"一带一路"促进国际金融监管改革合作

(一) 宏观金融监管合作

2008年爆发的国际金融危机对全球经济和金融体系造成了巨大冲击,促使国际社会对原有的国际金融监管体系和监管标准进行反思,并筹划建立新的金融监管合作机构,制定新的金融监管标准。在应对国际金融危机的过程中,二十国集团异军突起,成为国际金融监管改革的主要推动者,而直接向二十国集团报告工作的金融稳定理事会(FSB)成为国际金融监管改革的实体机构,在协调各方立场、创新监管理念、制定新的监管规则等方面发挥着越来越重要的作用。[①] FSB的主要职责包括评估影响全球金融体系脆弱性的问题;及时、持续地辨识和审查需要采取的监管行动和其他相关行动及其结果;促进负责金融稳定的主管机关之间的合作和信息交换;监控市场发展及其对监管政策的影响,并提出建议;就满足监管标准的最佳做法提出建议,并进行监督;对国际标准制定机构的政策发展工作进行联合战略审查,确保其工作及时、有效并集中于优先事项;为建立监管联席会制定指导方针并提供支持;支持制订跨境风险管理应急计划,特别是

---

① 尹继志.金融稳定理事会的职能地位与运行机制分析[J].金融发展研究,2014 (1).

针对有系统重要性的机构；同国际货币基金组织合作建立预警演习机制。①

全球贸易和实体经济面临的困境令一些地区领导人重新审视金融监管改革的影响。欧洲理事会主席图斯克和欧盟委员会主席容克在致二十国集团各国元首的信中写到，金融监管改革必须停留在二十国集团议程的显要位置上。2016 年，中国担任二十国集团主席国，金融监管改革被提上会议日程。它的主要子议题包括完成剩余改革工作、推动实施有效的宏观审慎政策、改革的实施与监测、评估市场流动性变动以及资产管理行业潜在风险。

（二）银行业监管合作

目前，银行业在为"一带一路"建设提供金融服务时仍面临一些风险与挑战，包括合规和反洗钱风险加大、盈利能力存在隐忧、系统性风险隐患增多、国别风险大幅上升以及传统的信用和市场风险等。为此，银行监管机构一直在努力推动银行业金融机构进一步拓展合作领域，继续拓展和深化与"一带一路"沿线国家的跨境监管合作，继续加强同相关主管部委之间的信息共享与合作，积极主动指导中资银行做好相关风险防控。截至 2018 年末，银保监会已与 32 个 "一带一路" 沿线国家的监管当局签署了双边监管谅解备忘录，在此框架下不断加强跨境监管合作和信息交流，维护互设银行机构的稳健发展。

中国银行业也积极参与巴塞尔银行监管委员会（BCBS），并采用相关建议。自巴塞尔协议Ⅲ出台之日起，中国银监会就对中国银行业可能面临的长远影响或风险做了全面评估，全方位谋划中国银行监管体系与国际的接轨。为推动银行业实施国际新监管标准，增强银行体系稳健性和国内银行的国际竞争力，中国银监会于 2011 年 4 月发布《关于中国银行业实施新监管标准的指导意见》，与巴塞尔协议Ⅲ相比，在资本监管、过渡期安排、贷款损失拨备方面提出了更严格的监管标准。2011 年 7 月，银监会发布

---

① 廖凡. 国际金融监管的新发展：以 G20 和 FSB 为视角 [J]. 武大国际法评论，2012 (1).

《商业银行贷款损失准备管理办法》。2012年6月，银监会发布《商业银行资本管理办法（试行）》，要求商业银行在2018年末前达到规定的资本充足率监管要求。2012年11月，银监会发布《关于商业银行资本工具创新的指导意见》，要求从2013年1月1日起，商业银行发行的非普通股新型资本工具，应符合《商业银行资本管理办法（试行）》的相关规定，并通过合同约定的方式，满足该指导意见提出的认定标准。2015年1月，银监会发布《商业银行杠杆率管理办法（修订）》。自此，"中国版巴塞尔协议Ⅲ"主要涉及的资本要求、杠杆率、拨备率，都有了明确的管理办法。①

（三）保险业监管合作

中国于2000年加入国际保险监督官协会（IAIS），2008年成为相关执行委员会主席。在国际保险监督官协会中，中国一直积极参与相关活动，包括国际资本要求相关活动、保险监管标准相关活动以及全世界范围内的保险经营方面的活动。

在南南合作的框架下，一方面，中国希望代表南南国家在国际市场上开展多项合作，不断支持南南国家发展保险业。另一方面，中国也希望帮助更多国家理解保险业监管合作的重要性。在这种背景下，中国希望通过多种平台，促进更多的南南国家、发展中国家加入保险监管平台，一起分享各国的经验，尤其是中国保险业监管的做法。同时，可以共同探讨新兴国家碰到的新情况、新现象，在未来加强双边和多边合作。

未来的发展中，保险监管可能碰到一些问题，中国应坚持以防风险为首要任务，未雨绸缪，为未来的金融问题做好相应的准备。宏观审慎方面，需要学习国际经验，尤其是在监管的角度，学习其他国家先进的监管经验，改革现有的监管制度，更加适应市场化条件的发展。同时，应用更高标准的监管水平来进行相关的监管，这样才能促进市场的健康发展。微观审慎

---

① 王勇. 新版巴塞尔Ⅲ或推动中国银行业监管再升级［EB/Ol］.［2018-01-10］. https：//m.hexun.com/bank/2018-01-10/192194973.html?_da0.4439043283928683.

"一带一路"金融服务简述

方面,第一,应在某些领域进行合作,特别是在国际组织方面,应借助各个平台分享信息,针对不同领域广泛协商,分享经验和教训,彼此学习,以彼此为鉴,避免错误重演。第二,应加强地区合作平台的沟通交流,比如借助南南合作金融中心平台交流信息,交流彼此的实践和计划,分享信息。

(四) 证券业监管合作

近年来,中国证监会稳妥有序地推进资本市场对外开放,不断加强与"一带一路"沿线国家资本市场领域的务实合作,积极推进资本市场服务"一带一路"建设有关工作,探索通过股权合作、产品互挂、互联互通、信息共享、人员交流等各种交流合作形式,为"一带一路"建设提供优质金融服务,相关工作取得了积极进展。中国证监会将进一步发挥资本市场作用,按照"稳扎稳打、务实推进"的原则,在金融保障上下功夫,积极推进交易所国际化,鼓励更多有实力的企业通过跨境并购等方式"走出去",稳步开拓国际市场,提升国内企业的国际竞争力,支持优质境外上市中资企业参与境内市场并购重组,支持相关国家和企业在深沪证券交易所发行"一带一路"债券。①

国际证监会组织包括110个正式成员,中国证监会为其新兴市场委员会正式会员。中国与"一带一路"沿线国家成员进行证券监管合作,旨在通过交流信息,促进"一带一路"证券市场的健康发展。在跨境执法方面沟通协调,若出现违规行为,可以将这些信息进行有效共享;协同制定共同准则,建立国际证券业的有效监管机制,以保证证券市场的公正有效;共同遏止跨国不法交易,促进交易安全。这不仅有助于树立"一带一路"相关投资者信心,推动"一带一路"沿线国家金融证券等市场公开透明,也有助于化解系统性风险和潜藏风险,以市场带动经济发展和内生性增长。

---

① 吴少龙. 证监会:鼓励企业通过跨境并购等方式走出去 [EB/OL]. 证券时报, [2018 - 10 - 10]. http://www.cs.com.cn/xwzx/hg/201810/t20181010_5879292.html.

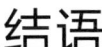

第六章

结语

第一节 "一带一路"倡议是新形势下中国为世界提供的公共产品,是各国共同参与、共同建设的平台

"一带一路"倡议起源于古代丝绸之路。古代丝绸之路本质上是一种公共产品,满足了中国与丝绸之路沿线各国及远方的国家之间经济、文化交流的需要,也为东西方的贸易、文化往来作出了巨大的历史贡献。中国自古便是丝绸之路的发起者,对丝绸之路这一古代公共产品做了大量维护工作。

2008 年国际金融危机以来,全球复苏缓慢、动力不足,发展中国家急需资金与发展,但现有的多边金融体系缺乏对发展中国家的关注,针对发展中国家的国际公共产品供给不足,而逆全球化、贸易保护主义、单边主义等潮流纷纷抬头。在如此严峻的形势下,全球更加呼唤新的公共产品,来共同携手应对世界经济面临的挑战，开创发展新机遇，谋求发展新动力。首次提出"一带一路"倡议以来，中国与"一带一路"沿线国家共搭合作之桥、共建友谊之路，得到了100多个国家和组织的积极响应，80多个国家和组织的广泛参与为合作伙伴国带来了22亿美元税收，创造了20多万个就业岗位，"一带一路"在一定程度上为全球经济找到了新的增长点，完善了现行国际金融体系，逐步成为新型国际公共产品。

"一带一路"追求的是构建人类命运共同体，实现沿线国家优势互补、互利共赢的至高目标，秉持的是"共商、共建、共享"原则。参与建设"一带一路"的，有国际性多边组织（如联合国、世界银行、国际货币基金组织、亚投行等），有沿线积极响应与参与的国家，有很多机构企业，有大量中外资本，也不乏民间的热情、政府的投入。它的建设不是封闭的，而是开放包容的；不是中国一家的独奏，而是沿线国家的合唱；它不是地缘政治工具，而是务实合作的平台；它不是翻版的"马歇尔计划"，而是共商、共建、共享的联动发展倡议；它不是要另起炉灶、推倒重来，而是要在现有地区合作机制的基础上，推动沿线国家实现发展战略相互对接、优势互补。正是因为秉持这样的原则与目标，"一带一路"倡议才能得到如此广泛的响应，获得如此丰厚的成果。

第二节　"一带一路"建设要把握金融服务创新与风险管理的平衡

金融是现代经济的血液，打造"一带一路"金融大动脉是实现"一带一路"建设目标的重要保障。"一带一路"建设过程中有投资、融资、货币结算、金融服务、风险缓释等各类需求，其合作建设的深化也在客观上要求进一步推进金融创新。

目前，中国已经初步构建起服务于"一带一路"倡议的多层次金融体系，并在金融产品、商业模式及发展理念等方面全方位加快金融创新。中国秉持绿色金融、普惠金融、履行社会责任的理念，探索直接、间接等金融产品的创新，大力发展投贷联动、数字丝绸之路、产融结合等商业模式，调动内地社会资本、港澳台资本、华商资本、外资资本共商、共建、共享"一带一路"，为"一带一路"建设提供强有力的金融支持。

另一方面，"一带一路"建设中广泛存在各类金融风险，也不可忽视。例如，政治安全方面，"一带一路"沿线国家地缘政治争端不断，国内政局不稳，民族结构与文化复杂，政治安全上矛盾突出。主权债务方面，"一带一路"沿线国家经济基础整体较为薄弱，主权评级普遍处于中高风险区间，外债负债率、财政赤字率等高企，有限的财力和负债能力限制了经济发展水平。金融市场方面，"一带一路"沿线国家金融发展不平衡，外汇市场不稳定，资本流出压力大。这些都制约了金融合作的深化，也给中资企业"走出去"带来极大的信贷风险。法律合规方面，"一带一路"沿线国家法律体系、法治环境、司法效率、立法技术不完善，使中国企业参与建设容易遭受制裁。此外，中资企业还会面临不确定性、环保冲突、技术标准冲突、过度竞争等种种项目投资风险。这些都极大地考验各国政府及组织的监管能力和参与"一带一路"金融机构的风险管理能力。

对外投资伴随着的各类风险警醒中国政府与企业，参与"一带一路"建设，不仅需要全心全力提供金融产品与服务，投入大量金融资源；更要注重风险管理，探索有效的应对策略与措施，在金融服务、项目参与和风险管理间达到平衡，绝不能只追求投入而忽视风险的防控。针对风险防控，中国政府与相关企业可以采取一些策略，例如建立专业化国别风险研究体系，建立全面一致的统计体系服务政府、市场与机构，加强沿线国家政府、金融机构和各类企业间的合作与风险共担，坚持以市场化导向运作项目，建立风险补偿机制、债务协商解决机制等。

第三节 "一带一路"致力于加强与现有国际组织和机制的合作，建立良好的金融规则，共同完善全球经济治理体系

金融是现代经济的核心，全球金融治理是全球治理的关键要素，而现有的全球金融体系明显存在着对发展中国家关注度不够、发展中国家代表性不强等问题，已显现出无法满足时代变化和世界各国尤其是发展中国家需求的趋势。另外，发展中国家面临的经济形势十分严峻，缺乏融资渠道，而又急需资金发展。为此，中国提出"一带一路"倡议，为所有国家，特别是发展中国家，以及世界金融体系破解当今人类社会面临的共同难题创造了新思路，为沿线发展中国家经济以及全球金融业创造了新机遇。中国发起、参与或打造的一些新型国际金融合作平台也更加关注发展中国家的诉求，致力于共同合作完善现有金融体系，推进金融体系的改革，如亚投行、金砖银行、亚金协、丝路基金等机构。

"一带一路"绝不是独角戏，而是各国的大合唱。它致力于对接现有的国际战略与国际组织，共同推进治理体系完善。据不完全统计，"一带一路"倡议已经与沿线13个经济体自身提出的发展战略相互合作，并取得了显著成果，包括俄罗斯、英国、韩国、哈萨克斯坦、越南、泰国、印度尼西亚、欧盟、匈牙利、蒙古国、文莱、柬埔寨和波兰。它也与现有国际金融组织或多边组织合作，共同推进全球金融治理体系的必要改革，合作方包括但不限于联合国及下属机构、世界银行、国际货币基金组织、亚投行、亚开行、上合组织等。

"一带一路"建设还有助于重新构建国际货币体系，实现多元化的货币体系格局是包括中国在内的大多数国家的共同愿望，有助于弥补以美元为主导的国际货币体系的脆弱性和防止美元霸权主义。"一带一路"的建设无疑会催生更广泛的人民币跨境使用需求，包含信贷、结算、计价、储备、资金融通、货币区域化、风险管理等，对人民币国际化产生强劲的推动

作用。

　　"一带一路"也有助于推动完善现有的国际金融规则。通过"一带一路"创新绿色金融产品，推动机构与项目的绿色转型，是推动绿色金融发展、解决全球可持续发展问题的重要手段。"一带一路"建设也是普惠金融规则、反洗钱与反恐怖融资等规则更新和国际金融、银行、证券、保险业监管合作强化的土壤。

　　"一带一路"倡议传承历史责任，着眼于当今世界的现实，推动国际协作和全球发展。它摒弃丛林法则，不搞强权霸权，超越零和博弈，坚持"共商、共建、共享"原则，开辟出一条合作共赢的发展道路。它是心怀天下的中国担当，是造福世界的时代交响，是连通中国梦与世界梦的国际合作平台，是能蕴含不同文明、实现各国共同合作发展的富强之路。随着"一带一路"建设的推进，中国必将与沿线国家携手创造更多的奇迹。

中国金融四十人论坛书系
CHINA FINANCE 40 FORUM BOOKS

An Overview of
Financial Services for
The Belt and Road

"一带一路"
金融服务简述

参考文献

1. 梅冠群. 推进"一带一路"建设的有关建议研究［J］. 当代经济管理, 2017（11）: 38-43.

2. 方星海. 用资本市场支持"一带一路"［EB/OL］. https://finance.china.com/news/11173316/20170505/30491950_1.html, 2017-05-05.

3. 周小川. 五方面发挥金融在"一带一路"建设中重要支撑作用［EB/OL］. https://www.yidaiyilu.gov.cn/ghsl/gnzjgd/52664.htm, 2018-04-13.

4. 任志宏. "一带一路"战略与人民币国际化的机遇、障碍及路径［J］. 华南师范大学学报, 2016（3）: 28-34.

5. 宋清辉. 丝路基金亚投行服务"一带一路"成绩斐然［J］. 金融经济, 2017（6）: 22-24.

6. 公丕萍, 卢伟, 曹忠祥. "一带一路"建设最新进展、形势变化与2018年推进策略［J］. 今传媒, 2018（2）: 166-171.

7. 李皓. 私募股权投资基金参与"一带一路"的比较优势［J］. 银行

家,2018(1):106-107.

8. 储殷,李巍."数字丝绸之路"怎么走[J].人民论坛,2018(13):42-43.

9. 雷小华,张磊.中越"两廊一圈"与中缅"人字型"经济走廊建设比较研究[J].东北亚经济研究,2018(3):5-15.

10. 常翔,张锡镇.泰国东部经济走廊发展规划[J].东南亚纵横,2017(4):14-20.

11. 李锋."一带一路"与"容克计划"对接研究[J].全球化,2018(2):75-87.

12. 马博.文莱"2035宏愿"与"一带一路"的战略对接研究[J].南洋问题研究,2017(1):62-73.

13. 董哲."一带一路"背景下亚洲金融合作协会制度与作用研究[J].上海金融,2018(1):24-26.

14. 王政.人民币国际化的现状、问题及建议[J].对外经贸,2018(2):123-124.

15. 连平."一带一路"上人民币国际化怎么走[EB/OL].2017-05-13/2019-06-01.

16. 连平."一带一路"上人民币国际化将实现三个突破[EB/OL].2017-05-13/2019-06-01.

17. 孙天琦,汪天都,蒋智渊.国际普惠金融指标体系调查:进展、比较与启示[J].金融监管研究,2016(4):32-45.

18. 王兆星.深化与"一带一路"沿线国家跨境监管合作[EB/OL].2016-3-26/2019-06-01.

19. 周廷礼."一带一路"下保险业监管合作机遇与挑战[EB/OL].2017-09-28/2019-06-01.

20. 沈玉良,孙立行.中国与"一带一路"沿线国家贸易投资报告2018[M].上海:上海社会科学院出版社,2019.

21. 王义桅."一带一路":机遇与挑战[M].北京:人民出版

社，2015.

22. 张向前. "一带一路"倡议下海外华侨华人与中国企业"走出去"战略研究［M］. 北京：红旗出版社，2018.

23. 冯并. "一带一路"：全球发展的中国逻辑［M］. 北京：中国民主法制出版社，2015.

24. 成思危. 人民币国际化之路［M］. 北京：中信出版社，2014.

25. 施玎娅. 人民币国际化：理论思考及实践探索［M］. 北京：中国金融出版社，2018.

26. 中国人民大学国际货币研究所. 人民币国际化报告（2018）［M］. 北京：人民大学出版社，2018.

27. 梁静. 人民币国际化"大动脉"——国际货币支付基础设施构建［M］. 北京：经济管理出版社，2017.

28. 邱晟晏. 人民币国际化路径设计及政策建议［M］. 北京：经济科学出版社，2018.

29. 槽龙骐. 人民币国际化路径研究［M］. 北京：中国金融出版社，2014.

30. 黄河. 公共产品视角下的"一带一路"［J］. 世界经济与政治，2015（6）.

31. 林乐芬，王少楠. "一带一路"进程中人民币国际化影响因素的实证分析［J］. 国际金融研究，2016（2）.

32. 曹凝蓉，李伟平，张瑞怀. 金融支持一带一路设想［J］. 中国金融，2015（21）.

33. 王兆星. 加强"一带一路"银行服务规划［J］. 中国金融，2017（9）：12－14.

34. 王兆星. 大力发展绿色信贷 促进经济可持续发展［J］. 中国银行业，2017（1）：8－12.

35. 潘功胜. 外汇管理助力"一带一路"建设［J］. 中国金融，2017（9）：9－11.

36. 袁佳."一带一路"基础设施资金需求与投融资模式探究 [J]. 国际贸易, 2016 (5): 52 – 56.

37. 闫衍."一带一路"的金融合作 [J]. 中国金融, 2015 (5): 32 – 33.